무조건 되는 영어 1등급 스파르타 공부법

무조건 되는 영어 1등급 스파르타 공부법

초 판 1쇄　2023년 02월 22일

지은이 권장미
펴낸이 류종렬

펴낸곳 미다스북스
총괄실장 명상완
책임편집 이다경
책임진행 김가영 신은서 임종익 박유진

등록 2001년 3월 21일 제2001-000040호
주소 서울시 마포구 양화로 133 서교타워 711호
전화 02) 322-7802~3
팩스 02) 6007-1845
블로그 http://blog.naver.com/midasbooks
전자주소 midasbooks@hanmail.net
페이스북 https://www.facebook.com/midasbooks425
인스타그램 https://www.instagram.com/midasbooks

© 권장미, 미다스북스 2023, *Printed in Korea*.

ISBN 979-11-6910-162-2 03740

값 15,000원

미다스북스는 다음세대에게 필요한 지혜와 교양을 생각합니다.

입시 영어 17년

장미쌤과

함께하는

권장미 지음

무조건 되는
영어 1등급
스파르타
공부법

STUDY·PLAN·RESTART·TRACE

미다스북스

끝까지만 가도 상위 10%는 한다

애들아, 이 책은 제목에서 보듯이 너희에게 쓸데없는 희망을 심어주거나 예쁜 말, 격려하는 말만 해주기 위해 쓴 책은 아니야. 잘하는 학생들에게는 본인을 점검할 수 있는 계기가 되어줄 거야. 하지만 이 책은 잘하는 학생들보다는 노력에 비해 성적이 잘 나오지 않아 걱정하는 학생들, 아직 노력이라는 걸 해보지 않은 학생들, 본인이 공부를 살짝 건드려 본 걸 노력이라고 착각하는 학생들, 공부의 방법을 모르는 학생들 그리고 독한 말이고 뼈 때리는 말인 줄 알지만, 그 말이 본인에게 자극제가 되어 더 열심히 해보고 싶은 학생들을 생각하며 쓴 책이야.

선생님이 대한민국에서 영어를 가장 잘하는 사람도 아니고, 가장 뛰어난 영어의 대가나 전문가도 아니야. 다만, 선생님이 가장 자신이 있는 건, 누구보다 너희의 마음을 잘 안다는 거야.

선생님이 우리 학생들에게 자주 하는 말이 하나 있어.

"사람은 직접 겪어 보지 않으면 이해하기 위해 노력을 할 수는 있어도 절대 이해할 수 없다."

예를 들어, 나는 남자친구를 한 번도 만나본 적이 없는데, 옆에 친구가 남자친구와 헤어지고 마음이 아파 대성통곡하며 울고 있다고 가정해 보자. 그때 남자친구를 한 번도 만나본 적이 없는 내가 그 친구의 마음을 100% 이해한다고 말할 수 있니? 절대 아니지! 단지, '많이 힘들고 아픈가 보다' 하고 짐작을 할 뿐이겠지?

선생님은 누구보다 공부를 못해 보았고, 또 평탄하지 않은(?) 어린 시절을 직접 겪었단다. 그리고 내 힘으로 내가 갈 수 있는 최고 성적까지 올라가 보기도 했지. 그래서 바닥에 있는 학생들의 마음을 정말 '이해'할 수 있는 거야. 겪어봤으니까….

'스파르타식 공부법'은 수많은 시행착오와 적용을 통해 만들어진 방법이야. 그리고 9등급부터 1등급까지 누구에게나 통하는 방법이지.

선생님의 말을 '제대로' 이해해줬으면 좋겠어. 누구에게나 통하는 방법이라고 했지, 쉬운 방법이라고는 한 적이 없어. 누구나 할 수 있는 방법이긴 하지만, 이 책을 읽고 진짜 그대로 실천하고 지속하는 사람이 얼마나 될 것으로 생각하니? 감히 짐작건대 이 책을 읽은 사람 중에 실천하는 사람은 아마 30% 정도? 그리고 그 실천을 지속하는 사람은 아마 10% 정도? "끝까지만 가도 상위 10%는 한다."라는 말은 불변의 진리야.

이 책을 덮고 난 후 다 잊어버려도 너희 머릿속에 딱 하나 기억해주었으면 해.

"끝까지만 가도 상위 10%는 한다."

잘하지 못해서가 아니라 끝까지 못해서 못하는 거야. 공부도 성공도 사랑도…. 계획을 세워도 어차피 실천을 못 하니까 세우지 않는 거라고? 애초에 못 지킬 계획을 세운 건 아니니? 공부해도 성적이 오르지 않는다고? 그럼 공부 방법을 점검해 봤니? 아니면 딱 그 정도 유지될 정도로만 공부한 건 아니니? 노력해도 안 된다고? 노력이라고 하는 것의 진정한 의미를 아니? 정말 네가 할 수 있는 모든 힘을 다해 노력해 봤니? 모든 노력에는 부작용이 남는 법인데, 그럼 너의 노력은 너에게 어떤 부작용을 남겼니? 집중이 안 된다고?

집중은 저절로 되는 게 아니야. 내가 해야겠다고 마음먹고, 다른 일들을 차단함으로써 한 가지 일에만 몰두하도록 만들어가는 거야. 혹시 다른 모든 일이 너의 집중을 방해하도록 허용해 놓은 상태에서 집중이 안 된다는 핑계만 대고 있는 건 아니니?

너도 알잖아. 자신을 스스로 합리화하고 있다는 거. 그리고 그게 아무 도움이 되지 않는다는 것도 알지만 그냥 무슨 말이든 해보고 싶은 거잖아. 이제 그만하자. 선생님이 도와줄게.

선생님이 말하는 '스파르타'는 너희가 생각하는 '타인에 의해 강요되는 학습'이 아니란다. 요즘 학생들은 예전과 다르게 본인이 정확히 '인정'하고 '이해'하지 않으면 움직이지 않지? 반면에 본인이 '인정'하고 '이해'한 부분에 대해서는 최대한 이루기 위해 노력하고, 본인을 채찍질해 주길 오히려 원하는 경향이 있지? 강제력이 동원되어야 본인이 움직인다는 걸 누구보다 스스로가 잘 알기 때문이야. 그래서 오프라인이든 온라인이든 학생들이 선생님을 따르는 이유이기도 해. 소리도 지르고, 혼을 내기도 하지만 결국 '진심은 통하니까.'

아는 거야. 본인들을 위한다는 걸. 선생님도 은인 같은 선생님이 계시단다. 나호경 선생님이란다. 그분 덕분에 여기까지 올 수 있었고, 이렇게 나이가 들어도 그 선생님께 전화해서 울고 웃고 하소연하기도 하지. 그때마다 다독여주시기도, 혼을 내주시기도 하지만 언제나 마지막에 하시는 말이 있단다.

"장미야, 괜찮아. 그리고 속이 상해도 아파도 화가 나도 언제나 선생님은 너의 선생님이니까 항상 이렇게 전화하렴."

선생님도 알았거든, 어떤 말씀을 하셔도 나를 위한다는 걸···. 그래서 선생님은 이 직업이 너무 좋단다. 그리고 선생님의 최종 꿈은 할머니 강사가 되어 마지막까지 아이들과 함께하는 거란다. 자, 이제 선생님과 함께 '무조건 되는 영어 1등급 스파르타'의 세계로 들어가 볼 준비되었지?

지금부터 치열한 스파르타의 세계로 마음 단단히 먹고 들어와야 해!

하버드대학교

CONTENTS

2장 중등 영어! 이것이 핵심!

3장 고등 영어! 문해력부터

4장 노베이스 영어 1등급 되는 4단계 스파르타 공부법

5장 입시와 영어, 그리고 우리들의 이야기

더블린대학교 도서관

1

STUDY·PLAN·RESTART·TRACE

1장

우리는
왜
공부를 해야 할까?

Spartan Way

아무도 치열하게 공부하지 않는다

애들아, '치열하다'라는 단어의 뜻이 뭘까?

국어사전에 찾아보면 '치열하다'라는 단어의 정의는 이렇단다.

기세나 세력 따위가 불길같이 맹렬하다.

너희는 치열하게 공부를 해본 적이 있니?

아니면 현재 이렇게 치열하게 공부를 하고 있니?

누군가에게 자신을 합리화하기 위한 대답이 아니라 자신에게 진지하게 물어보렴.

'내가 정말 치열하게 공부를 한 적이 있었나?'

아마 대부분 학생은 자신 있게 "네! 저는 정말 치열하게 공부하고 있어요."라는 대답을 하기가 힘들 거야. 그건 네가 잘못 해서라기보다는 어쩌면 사회적 분위기가 그렇게 만들고 있지는 않을까? 하는 생각을 했단다.

선생님이 라떼 이야기를 살짝 해볼게.

선생님이 공부하던 때에는 그래도 서울대, 그게 아니면 일명 'SKY'를 가야 한다는 '목적의식'이 있었어. 그리고 열심히만 하면 누구나 'SKY'를 갈 수 있다는 희망도 있었지. 중간고사, 기말고사 한두 번 못 쳐도 괜찮아. 수능을 잘 치면 되니까. 그때는 수시 모집보다는 정시 모집의 폭이 더 넓었으니까. 그러니 학교 시험에 연연해하지 않고 멀리 보고 공부를 할 수 있었어. 그래서 말 그대로 '치열하게, 맹렬하게' 공부를 할 수 있는 '동기'가 있었던 거지. 그 이후는 모르겠지만 일단 'SKY대학'만 가면 성공의 문이 열릴 것 같았거든.

지금은 교육 정책이 바뀌어서 '수시 모집'이 더 큰 비중을 차지하고 있지. 그래서 우리 학생들은 학교 시험이 너무 중요해지고 있어. 다시 말하면, 내가 최상위권 대학, 일명 'SKY대학'을 가기를 원한다면 단 한 번이라도 성적이 내려가면 어렵다는 걸 알 거야. 그리고 극상위권 학생들은 그 등급을 절대적으로 유지해야 한다는 압박감에 더욱 '치열하게' 공부를 하고 있겠지.

하지만 이 책을 읽는 우리는 어떠니? 이 책을 읽는 학생 중에 극상위권 학생들도 있겠지만, 아마 대부분은 그렇지 못한 학생들일 거야. 선생님 역시 그런 학생들을 위해 이 책을 쓰고 있단다.

자, 그럼 다시 질문을 해볼게.

극상위권이 아닌 우리는 '치열하게' 공부를 하고 있니?

아니라면 왜 그럴까?

스스로가 나태해서? 게을러서? 방법을 몰라서?

물론 그런 이유도 있겠지만 선생님은 좀 더 본질적인 질문을 하고 싶어.

공부를 치열하게 하지 않는 이유가 나태하고 게으르기 때문이라면, 나태하고 게으른 이유는 뭘까? 뭔가 움직일 동기가 필요하잖아.

원래 성향이 그렇기 때문이라고 핑계를 대기에는 살아가면서 본인의 성향이 바뀐 사람들, 그리고 자신의 한계를 극복하고 원하는 바를 이룬 사람들이 너무 많지 않니?

바로 여기에 답이 있단다. '자신이 원하는 바'를 이룬 사람들!

우리가 치열하게 공부하지 않고 스스로 나태하고 게으르다는 것을 인식하고 있는데도 불구하고 계속 그렇게 행동할 수밖에 없는 이유는 '자신이 원하는 바'를 모르기 때문이야.

그걸 선생님은 '10대들의 목적의식 상실'이라고 부르지.

여기서 선생님이 말하는 '원하는 바'는 단순히 너희에게 진로나 꿈에 대해서 말하고자 하는 것이 아니야. 너희의 '마음가짐'과 '생각'을 이야기하는 거란다.

잠시 선생님이 너희의 생각 속에 한 번 들어가볼게.

나는 지금 1등급이 아니야. 그래서 어차피 SKY는 못 갈 것 같아. 그래서 중위권 대학이라도 인서울권 대학을 들어갔으면 하는데 정시보다는 수시로 들어가는 것이 더 좋대.

그리고 학생부종합전형이라고 해서 성적만큼 활동들도 중요하대. 그래서 학교에서 하라는 활동을 다 하기 시작했어. 그러다 보니 그 활동들 때문에 공부할 시간은 더 없어지고 등급은 자꾸 내려가고 있는데 사실 내가 하는 '활동들'이 잘하고 있는 건지도 모르겠어.

입시 전형은 너무 복잡해서 봐도 잘 모르겠고, 유튜브를 찾아봐도 제 각각이라 어디에 장단을 맞춰야 할지도 모르겠네. 이렇게 내려가는 등급을 보고 있으니까 인서울도 물 건너간 것 같고 지방에 있는 국립대학이라도 갔으면 좋겠어. 그래서 우왕좌왕하면서 학교와 학원을 오가고 있는데 나를 위로하는 말들이 들리는 거야.

'요즘은 대학도 필요 없어.'
'곧 대학들도 없어질 거래.'
'대학 나와도 별거 없대.'

그 말을 듣고 가만히 생각해보니, 어차피 내가 SKY를 갈 수 있는 것도 아닌데 이렇게 해서 대학을 가야 할 이유를 모르겠어. 그래서 '그냥 대학을 포기할까?' 하는 생각도 했지만, 또 그럴 자신은 없어. 왜냐하면 대한민국에서 '고졸 출신'이라고 하기는 또 싫거든. 그래서 또 하던 대로 하는 거야. 학교 갔다가 학원 갔다가….

자, 어떠니? 동의하니?

어차피 SKY도 못 가는데 치열하게 공부할 이유를 찾지를 못하는 거지. 모든 인간은 '동기'가 있으면 움직이게 되어 있는데 그 동기를 찾지 못하는 거야.

'어차피'라는 생각이 내 머릿속에 가득한 거지.

그러니까 일단 대학이라는 곳은 가야겠는데 어차피 극상위권은 아니니까 굳이 열심히, 치열하게, 맹렬하게 해야 할 이유도 없다고 자신을 스스로 합리화시키는 거지.

그런데 선생님은 너희에게 '동기'나 '목적의식'을 가져야 한다고 말하기 위해 이 책을 쓰고 있는 건 아니란다. 그건 외부에서 강요한다고 가질 수 있는 게 아니라는 걸 너무 잘 아니까. 결국 '동기'와 '목적의식'은 스스로 가질 수밖에 없는 거고, 그걸 찾도록 주변에서 도와줄 수는 있겠지만 결국 찾아내는 건 너 자신의 몫이란다.

대신 선생님은 오히려 '욜로족'이 되었으면 좋겠다고 말하고 싶어.

너희 인생에 있어서 단 한 번뿐인 중학생, 고등학생이라는 신분에서

욜로족이 되어보렴.

욜로족은 현재의 행복을 중요하게 여기며 생활하는 사람을 일컫는 말이지?

현재 너희는 그렇게 '어차피'의 생각으로 살아가면서 행복하니?

아마 그렇지 않을 거야. 왜냐하면 '해야 하는 일'을 '제대로' 해내고 있지 않다는 걸 스스로 알고 있으니 아마 죄책감, 공허함, 불안함을 마음속에 간직한 채 하루하루를 살아가고 있지만, 겉으로 드러내고 있지 않을 뿐이겠지.

그런 내 마음을 충족시키기 위해 치열하게 공부하는 거야!

남들이 다 가는 SKY가 아니라, 나 자신을 충만한 마음으로 살아내기 위해 치열하게 맹렬하게 공부를 해내는 거야. 그래서 내가 자기 전에 누웠을 때 오늘 하루도 내가 '해야 할 일'을 미친 듯이 해냈다는 그 생각으로 가득하도록.

1등급? SKY? 인서울? 의대? 약대? 그런 건 모르겠고, 그냥 내 하루를 온전히 꽉 채워 최선을 다해 살아냈다는 그 충만함이 너의 죄책감, 공허함, 불안함을 가득 채워줄 때 진정한 행복이 찾아온단다. 그러다 보면 등급은 자연스럽게 올라가겠지. 그리고 그 끝에는 1등급이 있겠지. '그럼 어차피 1등급을 위해 노력하라는 말 아닌가요?' 하고 질문할 수도 있겠지?

다시 한 번 말하지만, 선생님이 말하고자 하는 핵심은 1등급이 아니야. 너의 생각을 바꾸라는 거지. 이제까지 네가 가졌던 '어차피'라는 생각을 다른 '어차피'로 바꾸라는 거지!

'어차피 SKY도 못 가는데….'가 아니라 '어차피 한 번 사는 인생, 빡세게 살아보자.'로 바꾸라고!

뭐가 될지 모르겠지만 일단 나는 내 인생을 매우 치열하게, 열심히, 후회 없이 사는 거야. 그리고 그렇게 매일 빡세게 살아가는 사람에게 세상은 반드시 '보상'을 주게 되어 있단다.

너희 인생에 이제까지와는 다른 'Input'을 하는데 'Output'이 같은 게 더 이상하지 않니?

그리고 세상의 많은 시스템 중에 '공부'라는 시스템은 가장 정직하게 보상을 받는 몇 안 되는 시스템 중 하나란다.

하지만 꼭 기억해!

우리가 하는 일은 '보상'을 위해서가 아니라 그냥 '내 인생에 미안하지 않기 위해서'라는 걸! '어차피 해야 하는 일'이라면 제대로, 빡세게, 미친 듯이, 치열하게, 맹렬하게 해보는 거야.

이제까지 쏟아본 적 없던 양을 이제까지 해본 적 없는 방법으로!!

어제와는 다른 새로운 나를 데리고 살아가는 거지!

어차피 나는 나 자신을 평생 데리고 살아가야 하니까! 자, 준비됐니?

1-1 어제와 다른 나 만들기

어제의 내 모습과 달라질 내 모습을 상상하면 내 인생의 가장 치열한 하루를 구체적으로 적어보세요. 아침에 일어나서부터 저녁에 다시 잠자리에 돌아올 때까지. 그리고 어제의 마음가짐과 달라진 나의 마음가짐의 변화도 적어보세요.

02

'할까, 말까?'를 고민하지 말고
'어떻게 할까?'를 고민해라

혹시 이런 질문을 한 적이 있니?

"선생님, 저 공부를 그동안 너~무 안 했어요. 근데 벌써 고2가 되었는데, 다시 할 수 있을까요?"

"선생님, 제가 진짜 하고 싶은 일이 생겼어요. 근데 다른 아이들은 벌써 시작해서 거의 완성 수준인데 저는 이제 시작하는데…. 괜찮을까요?"

"선생님, 제가 학교에서 ○○행사가 있는데요. 그 행사에서 리더를 맡고 싶은데, 할까요?"

"선생님, 저 방학 때 수학 공부를 좀 더 하는 게 좋을까요?"

선생님이 10년 넘는 기간 동안 꾸준하게 들어온 질문 중에서 가장 많은 유형의 질문들이야. 하고 싶으면 해야지! 늦었으면 지금이라도 해야지! 부족하면 당장 해야지!

지금 너희가 고민해야 하는 초점은 '할까요, 말까요?'가 아니라 '어떻게 시작할까요?'가 되어야 하지 않니?

선생님한테는 평생의 과제가 있단다. 그건 바로 '다이어트'인데, 지금은 '다이어트'에 대한 고민은 하지 않기로 했어. 그냥 먹고 싶은 거 먹으면서 건강하게, 행복하게 살기로 했거든. 그런데 문제가 하나 생겼어. 그건 바로 '건강'이었단다.

선생님이 '다이어트'로 성공을 두 번 해봤어. 그때는 항상 '철저한 식단', '철저한 운동', 'PT 선생님과 끊임없는 교류', '지속적인 몸무게 체크'는 기본이었지.

'어차피' 해야 할 일이라면 철저하게, 제대로, 빡세게 하기로 했고, 그 결과 성공을 했던 거지.

그런데 지금 '식단'을 포기하니 '운동'은 아예 하지 않고, 'PT'는 당연히 안 하면서, '몸무게 체크'는 하고 싶지도 않아서 지금 선생님은 체중계에 올라가지 않은 지 한참이란다.

'어차피' 몸무게는 올라갔을 거니까 보기도 싫고, '어차피' 이렇게 된 거 포기하고 행복하게 살자는 마음이 되어버린 거야.

어떤 생각이 드니?

나는 분명히 하나만 하지 않기로 했는데, 하나가 무너지니 전체가 무너져버린 거야.

사실 '식단'을 하지 않아도 혼자 운동할 수 있고, 몸무게를 확인하며 운동량을 조절할 수 있고, 유튜브나 영상들을 참고해서 운동 방법을 알아볼 수 있는 여건이 충분히 되는데, 그냥 다 안 하는 거야.

부정적인 '어차피'라는 생각이 모든 걸 도미노처럼 무너뜨리는 거지.

그런데 PT 수업을 받을 때도 그랬단다.

아침에 눈을 떠서 PT 수업을 하러 바로 갔는데 누워서 '오늘 가지 말까? 아니야, 그래도 수업 일정이 잡혀 있으니 갈까?'라고 고민을 하면,

그날은 100% 안 가는 날이야.

벌써 카톡을 보내고 있는 거지. PT 선생님께… 세상에서 가장 '창의적인 거짓말'을 만들어내면서 말이야.

어때? 소재만 바뀐 너희의 모습과 비슷하지 않니?

'할까? 말까?' 늘 고민하면 그 일은 100% 하지 않게 되어 있단다.

자기가 하고 싶은 일, 좋아하는 일을 할 때는 절대 하지 않는 고민이잖아. 하기 싫은 일이지만 해야 한다는 걸 알기에, 자꾸 미루고 싶은 거고, 그 일은 결국 미루고 미루면서 온종일 너를 괴롭히게 될 거야. 네가 그 일을 하는 순간까지!

결국은 해야 끝이 난단다.

그러니 이제 질문을 바꾸자!

'할까? 말까?'가 아니라 '일단 한다! 그런데 어떤 방법으로 할까? 어떻게 하면 더 잘 할 수 있을까?'를 고민하자! 그래야 하나씩 이루어나갈 수가 있단다.

우리 학생 중에 '할까? 말까?'를 심하게 고민하는 일명 '결정장애' 학생이 있었단다.

아마 그 아이는 그때까지 인생의 40% 이상은 고민하며 보냈을 거야.

그래서 선생님이 그 아이에게 특명을 내렸지.

"너는 앞으로 고민되는 모든 일은 무조건 해! 그냥 하는 거야! 고민도 하지 말고, 너에게는 선택지가 없다고 생각해! 그리고 해야 하는 일이든 하고 싶은 일이든 시간을 어떻게든 쪼개서 무조건 해!"

그러고 나서 선생님은 또 성격상 반드시 확인해야 직성이 풀리는 성격이기 때문에 오늘 어떤 일들을 했는지 적어서 매일 보내달라고 했어. 그렇게 5~6개월 정도 지났는데, 놀라운 일이 일어난 거야. 일단 성적은 평균 8등급 정도였던 아이가 2~3등급으로 오르고, 외모는 110kg이 조금 넘었던 아이가 80kg 대로 내려가고, 항상 고민을 달고 살았던 이 아이의 인생에서 고민이 없어지니 표정도 밝아지고 성격도 변했단다. 당연히 부모님과의 관계도 좋아지고, 내성적이었던 아이는 점차 친구들과의 관계도 좋아지고, 심지어 여자친구까지 생기게 되었단다.

어떠니? 질문을 하나 바꿨을 뿐인데, 결국은 건국대에 당당하게 입학한 이 아이의 이야기가 너희의 이야기가 될 수 있다는 생각이 들지 않니?

우리 좀 솔직해볼까?

이 책을 읽는 거의 모든 학생!

진짜 너희가 공부를 못하는 거니? 아니면 안 하는 거니?

안 하는 거잖아. 치열해본 적이 없었던 거잖아.

그러니 이제 공허함과 게으름과 자신에게 미안함을 버리고 한번 해보기로 결심한 이상 벼랑 끝에 있다는 마음으로 제대로 시작해보자.

앞으로 선생님이 실제 사례들을 통해서 학습을 치열하고, 맹렬하게 제대로 된 방법대로 하면 어떤 변화가 일어나는지를 말해줄게.

그리고 그 사례들은 절대 지금 이 책을 읽고 있는 너희보다 결코 더 좋은 환경이나, 성적이나, 머리가 아니라는 걸 꼭 말해주고 싶단다.

너희가 공부하고 있는 건, 대한민국 공통 교육과정, 다시 말해서, 누구나 알아야 할 보편적인 상식을 배우고 있는 거란다.

당연히 너희가 할 수 있는 부분이라는 말을 하는 거야.

앞서 말했듯이 공부는 가장 정직한 보상을 주는 시스템을 가지고 있으니까.

방법은 선생님이 지금부터 말을 해줄 테니까 너희가 준비할 건 단단한 마음가짐과 할 수 있다는 의지, 그리고 이 책을 따라 한 단계씩 잘 따라와 주기만 하면 된단다.

이제 절대 '할까? 말까?'를 고민하지 말고 '어떻게 할까?'를 고민하며, 너희의 성장과 변화를 하나씩 쌓아나가면 너희는 결국 너희가 원하는 위치에서 웃고 있을 거란다.

누구도 그 방법을 가르쳐주지 않아 본인이 얼마만큼 잘할 수 있는 사람인지, 얼마나 큰 잠재력을 가졌는지에 대해 아직 시도조차 못 해보았을 너희에게, 선생님은 이 책을 통해 진정한 노력의 방법과 그 이후의 성취감을 맛보게 해줄 거야.

그리고 그 노력의 과정들이 너희의 삶에 스며들어 습관으로 형성되도록 도와줄 거야.

그게, 선생님의 교육철학 중 하나이고, 또 사명이라고 생각한단다.

선생님은 영어 선생님이지만, 나의 목표는 영어 1등급만은 아니란다.

물론 영어 공부에 있어서는 책임지고 1등급까지 끌고 가는 건 당연한 일이고, 더불어 너희와 함께 성장해나가며, 너희의 성장을 돕고, 삶의 변화를 경험하게 하며, 이 세상을 살아가며 너희가 넘어야 할 산들을 잘 넘을 수 있는 끈기와 노력의 방법을 가르쳐주고 싶단다.

　조금 힘들 거야.

　"사람은 어제 하던 행동만 하게 되어 있다."라는 말이 있단다.

　그만큼 어제 하지 않았던 '행동의 변화'를 끌어내는 것이 어렵다는 말

이겠지?

　그걸 한번 해보자. 우리가!

　'어제 하지 않은 생각, 행동'을 통해 '작은 변화'로 시작해서 '커다란 성

과'를 이루어내어 '성공하는 습관'을 키워나가는 우리가 되어보자!

　선생님은 너희를 믿어!

1-2 어제의 나를 용서하기

이제까지 미안했던 나 자신에게 편지를 써보세요. 절대 다시 미안해지지 않도록.

03

효율성을 추구하기 전에 먼저 해야 할 일

이런 질문은 어떠니?

"선생님, 영어 공부에 시간이 너무 많이 걸려서 다른 과목 공부를 할 시간이 없어요. 좀 더 효율적인 공부 방법이 없을까요?"

"선생님, 영어 단어 외우고, 본문도 외우고, 독해도 써야 하고…. 너무 비효율적인 것 같아요. 좀 더 쉽고 빠르게 할 수 있는 방법이 없을까요?"

선생님의 답이에요.

"응! 효율적인 공부 방법은 없어!"

왜 그럴까? 유튜브나 다른 영상들에서 보면 문제를 부분만 보고 풀 수 있다고도 하고, 요령을 알면 빨리 풀 수 있다고도 하는데, 도대체 왜 선생님은 이렇게 어찌 보면 무식하고 비효율적인 공부법을 자꾸 권유하는 것일까?

자, 게임을 한번 생각해보자. 게임에서 레벨업을 위해서는 '경험치'가 쌓여야 하지?

경험치가 쌓여서 레벨업을 하기 전에는 어떠니? 계속 괴물들을 열심히 잡아야 하지?

스킬도 쓸 수가 없어요. 무기도 좋지 못해요. 그걸로 '그냥 계속 잡는 거야.' 그러다가 우연히 떨어진 장비들이 있으면 주워서 바꾸고, 업그레이드하면서 점차 강해지지? 그러면서 '경험치가 쌓이고' 레벨업이 되면 더 큰 괴물을 잡기도 하고, 스킬을 써서 한 방에 여러 적을 죽이기도 하고, 도망만 다니다가 적을 공격하기도 하고, 점차 자신감이 생기고, 그러다 보면 더 레벨업을 하고 싶어서 '계속하게' 되고, '집중'하게 되고, '몰입'

하게 되지. 하지만 레벨이 올라갈수록 경험치 쌓이는 속도가 점점 느려지고 힘들어지잖아. 그런데도 우리는 시간이 날 때마다 게임을 해서 꿋꿋이 레벨업을 해나가잖아.

자, 여기서 잠시 생각해보자.

게임에서 레벨업을 위해 너희는 '그냥 계속 잡는 거야.' 이게 바로 '시간의 축적'이란다. 그냥 하는 거야. 내 레벨이 올라갈 때까지! 그렇게 '경험치'를 쌓아가는 거야. 그러면서 '집중'하고 '몰입'하게 되는 거지. 이를 통해 자연스럽게 '레벨업'이라는 보상이 따르는 거란다.

공부도 똑같이 하는 거야.

'그냥 하는 거야.' 내가 업그레이드되고, 스킬을 사용하기 위해서는 어느 정도의 '레벨'이 되어야 하니까. 그 '레벨'이 될 때까지 그냥 계속하는 거야.

처음이라는 모든 공부에는 '일정한 시간의 양이 축적되어야 하는 거란다. 아직 레벨도 안 되면서 스킬부터 배우려고 하는 것 자체가 모순인 거지. 그런데 우리 학생들은 자꾸 스킬을 가르쳐달래. 그게 오히려 독인 걸 모르고….

그러니 선생님은 줄 수가 없는 거지.

'효율적'이라는 단어의 사전적 의미를 한번 생각해보자.

'효율적'이라는 말은 명사로는 '들인 노력에 비해 얻는 결과가 큰 것'이라는 의미이고 관형사로도 '들인 노력에 비해 얻는 결과가 큰'이라는 의미로 정해져 있어.

한마디로 정리해볼까? '최소 비용, 최대 효과'

공부에 있어서 '최소 비용'이란 적은 시간과 노력을 의미하지?

공부에 있어서 '최대 효과'란 최고의 성적을 의미하지?

그럼 너희가 그토록 추구하는 '효율적 공부 방법'은?

'적은 시간과 노력을 들여서 최고의 성적을 얻는다.'

그럼 상식적으로 이게 가능하다고 생각하니? 그건, 운을 바란다는 의미잖아.

이제 알겠니?

'효율적인 공부'라는 말 자체가 모순이라는 걸.

'효율성의 역설'에 대한 또 다른 예를 들어보자.

예를 들어 너희가 친구와 8시까지 학교 앞에서 만나기로 약속을 했어. 학교까지 평균적으로 걸리는 시간은 버스를 타고 35분 정도라고 가정을 해보자. 그런데 시간 가는 줄 모르고 게임을 하다가 보니 벌써 시간이 7시 50분인 거야. 그 친구는 휴대전화기를 가지고 나오지 않았고, 너는 연락할 방법이 없어. 그때 너희의 머릿속에서는 어떤 생각이 들까?

'부모님께 태워달라고 부탁할까?', '택시를 불러서 타고 갈까?', '버스 도착 시간을 보면서 뛰어가 볼까?', '학교 가까이 있는 친구에게 부탁해볼까?' 등등 여러 가지 생각과 방법들이 떠오르겠지?

어떻게 그 방법들을 떠올릴 수 있을까?

그건 바로 경험치가 쌓였기 때문이야!

늘 가던 곳이고 다양한 방법들을 이미 알고 있으니까.

그러면 이건 어떠니?

너희가 납치를 당했어. 그런데 납치범들이 너희에게 일주일의 시간을 줄 테니 영어 50문장을 외우라고 하는 거야. 만약 일주일 뒤에 그 50문장 중에서 3문장 이상 틀리면 너희를 죽이겠다고 협박을 했어.

자, 이제 생각해보자. 너희가 말하는 '효율적인' 방법을!

방법이 떠올랐니? 효율적으로 외우는 방법이 있을까? 목숨이 달렸는데?

아마 없을 거라 생각하는데…. 선생님 생각에 동의하니? 그냥 죽자고 외우는 거야. 미친 듯이, 치열하게, 맹렬하게 외우는 거지. 그래야 살아남을 수 있으니까….

그렇게 공부하는 거야. 처음에는 너희가 축적해놓은 지식과 경험치가 없어서 무식하다고 생각할 정도로 열심히 외우고 시간을 투자하고, 학년이 높을수록, 내가 늦었다고 생각할수록 미친 듯이 달리는 거야. 그렇게 내 머릿속에 단어와 숙어, 문장들을 차곡차곡 축적해가는 거야. 그렇게 축적된 문장들이 많아질수록 내 안에는 '영어 공부에 대한 감'이라는 게 생기기 시작하고, 그와 동시에 나는 계속 공부하고 문제 풀고 축적해나가니까 당연히 '실력'도 쌓여가는 거지.

그렇게 '영어에 대한 감'과 학습의 경험치가 제공한 '실력과 스킬'이 딱!

만나는 시점이 있어. 그게 영어 점수가 급상승하는 포인트인 거야. 바로 그 지점까지 가기 위해서 미친 듯이 축적해놓는 거야. 경험치가 쭉쭉 올라가도록, 그래서 레벨업을 하도록, 그래서 새로운 스킬을 습득하고, 더 강해지도록, 그래서 스킬을 활용해서 다양한 문제들을 쭉쭉 풀어갈 수 있도록, 마치 한꺼번에 많은 적을 처리하는 것처럼.

그렇게 레벨업이 된 실력으로 '시험장'에서는 '극도의 효율성'을 추구할 수 있는 거야.

버려도 되는 문장과 챙겨야 할 문장을 경험치로 알게 되었으니까.

문제가 요구하는 정보를 찾아내는 방법을 그동안의 축적된 지식으로 알게 되었으니까.

공부할 때는 '세상에서 가장 무식하게' 시험장에서는 그렇게 습득한 스킬을 활용해서 '극도의 효율성'을 추구하며 점수를 만들어내는 거지.

이제 알겠니? '효율적인 공부법' 자체가 모순이라는 걸.

쉬운 방법을 찾지 말고 누구나 통하는 방법을 찾아서 노력이라는 비용을 쏟아 나의 경험치를 축적시켜서 레벨을 올리는 것이 가장 확실한 방법이란다.

1-3 경험치 올리기

여기에 내가 영어 공부에 축적한 시간만큼 형광펜을 색칠해서 레벨업

을 해보세요. (1칸은 1시간)

									10
									20
									30
									40
									50
									60
									70
									80
									90
									100

04

최강의 무기! 결핍!

우리는 너무 많은 풍요로움 속에서 자라고 있단다.

지금 이 시대를 살아가는 너희에게 공감이 될지 모르겠지만 대한민국은 엄청난 속도로 성장을 했고, 그에 따라 점차 풍요로운 삶을 살아갈 수 있는 시대로 변화해왔어.

코로나19로 인해 그 발달 속도는 더욱 빨라졌고, 불과 2~3년 만에 상상도 할 수 없는 일들이 일어났단다.

특히 교육에 있어서 더욱 그렇지.

가장 대표적인 사례로 대한민국에서 학교에 가지 않고 원격으로 수업을 하는 일은 정말 상상 속에서만 존재하던 일이었단다. 하지만 우리는 그 일이 불과 몇 달 만에 가능해졌지. 우리도 처음에는 학교에 가지 않는 것이 이상하다고 생각했었지만, 점차 익숙해져서 오히려 원격 수업을 원하는 학생들이 많아졌으니 그 변화를 너희도 조금은 체감하고 있을 거라 생각해.

　삶이 풍요로워지면서 부모님들은 우리가 원하는 건 뭐든지 다 들어주시고, 하나부터 열까지 모두 챙겨주시니까 이렇게 편하고 좋은 삶을 살아가는 건 우리에겐 축복이란다.

　그런데 가끔은 그 축복 속에서 우리는 점점 나약해져가는 건 아닐까 하는 생각을 한단다.

　이미 만들어진 콘텐츠에 익숙해져버려 뭔가를 만들어나가는 능력을 갖출 필요가 없어.

　영상에 익숙해진 우리는 글을 읽는 것이 귀찮고 지루하지. 그래서 글을 읽는 능력이 급격하게 저하되었지. 심지어 시험지를 읽고 직접 써야 하는 것이 시험인데, 공부조차도 영상으로 해결하려 하고 직접 글씨를 쓰는 것조차 귀찮아 해. 하지만 글쓰기가 뇌 발달에 좋다는 연구는 수도 없이 많단다. 공부가 부족해서 학원을 알아볼 때도 부모님께서 나서서 다 알아봐주시니 그냥 가라고 하는 곳에 가면 되고, 음식을 먹고 싶으면 배달 음식을 주문하면 되니 굳이 만들어볼 필요가 없지.

결핍의 기회!

지금 이 세상 속에 그 어떤 것도 우리에게 '결핍의 기회'를 제공해주지 않고 있단다.

그래, 선생님이 방금 '결핍의 기회'라고 했어.

내가 어떤 부분이 부족하고 결핍이 있어야 그걸 채우기 위해 노력할 거야. 그 결핍이라는 것을 다른 말로 하면 '내가 간절히 원하는 것'이 되는 거니까. 결핍을 채워가는 과정에서 우리는 뭔가를 이루어내고 성장하는 거란다.

그런데 결핍에 대해 찾아보고 생각해볼 기회 자체가 없으니 우리가 꿈을 찾지 못하고, 내가 뭘 원하는지 찾지 못하는 건 어쩌면 당연한 결과일지도 모르겠다.

한 가지 예를 들어보자.

선생님은 어렸을 때 집안이 너무 가난해서 '돈'에 대한 결핍이 있었어.

그래서 초등학교 때는 결혼식장에 가서 피아노 반주를 하는 아르바이트를 통해 돈을 벌었고, 중학교 때는 결혼식 도우미 아르바이트를 했었단다. 고등학교 때는 아르바이트할 시간이 없어서 내가 할 수 있는 건 치열하게 공부해서 빨리 돈을 벌 수 있는 직업을 가지는 것이었지. 그리고 대학을 들어가고 나서는 같은 시간 일을 해도 돈을 더 벌 수 있는 직업을 찾아다녔고, 그렇게 찾은 직업이 지금의 선생님이 하는 '영어 강사'라는 직업이란다.

결국 선생님의 '돈'에 대한 결핍은 어린 시절부터 엄청난 경험을 할 수 있는 기회를 주었고, 그를 통해 선생님은 내 인생에서 가장 만족하고 행복해하는 '꿈의 직업'을 찾게 되었지.

물론 선생님의 어린 시절 꿈은 '첼리스트'가 되는 것이었고, 그 꿈에 비해 우리 집은 돈이 없었기 때문에 부모님을 원망하기도 했었고, 될 수 없다는 사실에 절망하기도 했었단다. 그리고 남들처럼 좋은 악기를 가질 수 없어서 울기도 했었고, 주변 친구들처럼 좋은 차로 데리러 와주실 수 없는 부모님이라 그 무거운 악기를 매고 30분 정도를 걸어서 집으로 가고, 버스를 타고, 지하철을 타고 다녔단다.

결국 '첼리스트'는 되지 못했고, 나의 가장 큰 결핍이었던 '돈'을 벌기 위해 이리저리 열심히 찾아다닌 결과 선생님은 더 큰 행복과 가치를 찾을 수 있었지. 그리고 그 직업을 통해 아이들에게 긍정적인 영향을 주고, 그 아이들은 자라서 세상에 나가 또 다른 긍정적인 영향력을 발휘할 수 있도록 도와주며 내 직업에 대한 가치와 소명을 실천해나가고 있단다.

지금 생각해보면 첼리스트가 되었다면 선생님은 지금처럼 나의 직업에 만족하며 살지 못했을 것 같아. 왜냐하면 이 직업을 통해 알았거든. 선생님은 학생들과 함께 소통하고, 고민을 들어주고, 나의 이야기를 해주며 성장해나가는 것에 가장 큰 기쁨을 느끼는 사람이라는 걸.

그러니 혼자 고독하게 매일 연습과 사투를 벌이고 무대에서 연주하고 말없이 인사하고 나와야 하는 '연주자'의 직업을 가졌다면, 집안이 충분히 뒷받침되어 첼리스트가 되었다면 선생님은 얼마나 후회를 했겠니? 그리고 경제적 여유가 충분하여 '돈'에 대한 결핍이 없었다면 선생님은 초등학교 때부터 아르바이트를 통해 사회적 관계를 배울 기회를 얻지 못

했겠지. 당연히 대학에 들어와서도 아르바이트를 할 이유가 없었을 것이고, 그럼 지금 선생님이 가장 행복해하는 이 직업을 가질 기회조차도 없었을 거야.

지금의 선생님에게는 '돈'에 대한 결핍이 가져다준 너무 많은 경험이 양분되어 아직도 내가 나를 움직이게 하는 원동력이자 우리 학생들에게 말해줄 수 있는 많은 스토리가 되고 있단다.

물론 결핍은 너무 힘들고, 아프고, 자존감도 낮추고, 싫지.

그럼 어떻게 하고 싶을까? 그래, 당연히 채우고 싶을 거야. 그래서 그 결핍을 채우고자 모든 노력을 다하게 되겠지.

바로 거기에 결핍의 마법이 있단다. 결핍을 없애기 위해, 정확히는 채우기 위해 하는 모든 노력은 나의 경험이 되고 그 경험 속에서 뭔가를 배우게 될 거고, 그건 나만의 스킬이 되는 거란다. 그리고 결국 결핍이 채워진 순간이 바로 내가 엄청난 성장을 이루고 내 꿈을 실현한 순간이 되는 거란다.

자, 그러니 이제 내가 뭐가 되고 싶은지, 나의 꿈이 무엇인지, 나의 진

로는 어떻게 정해야 하는지에 대한 고민은 잠시 멈추고, 나의 결핍은 무

엇인지에 대해 진지하게 생각해보자.

  그 속에 내가 원하는 것이 있을 테니까.

1-4 내 마음의 가장 밑바닥에 있는 결핍 찾아내기

내가 가진 결핍을 5가지 이상 적어보고 이를 채우기 위해 어떤 노력을 할 수 있을지 적어보세요.

05

너의 목표는 '미래 진행형'이야

지금 중학생이라면 아직까지는 미래에 대한 꿈과 희망을 품고 있을 확률이 높지. 그런데 만약 이 책을 읽고 있는 네가 고등학생이라면 지난 등급에 너의 꿈을 맞춰보고 있진 않니?

그건 너뿐만 아니라 아마 대부분의 고등학생의 공통점 중의 하나가 아닐까?

초등학교 시절에는 대통령의 꿈을 품고 자라서 중학교 시절에 의사, 판사, 변호사의 꿈을 품게 되고, 고등학교에서는 등급에 맞춘 대학과 학과를 고민하고 있지.

혹시 너희도 이런 순서를 밟고 있다면…. 이제 멈추자!

선생님은 지금 너의 등급이 너의 꿈이 되어서는 안 된다고 생각해. 우리나라는 지나치게 꿈을 강조하는 분위기가 조성되어 있어. 마치 10대에 나의 모든 미래를 정해놓아야 할 것 같은 압박감을 주지.

그래서 선생님이 꿈이 아니라 '목표'를 정하자고 하는 거란다. 꿈이라는 건 네가 30대, 40대, 50대에 생길 수도 있단다.

또 꿈도 너희와 함께 성장하기 때문에 원래 가지고 있던 꿈이 더욱 성장해서 커질 수도 있고, 변형될 수도 있지.

그래서 지금 굳이 꿈을 가지지 않아도 괜찮다고 하는 거란다.

대신 우리가 살아가는 데 '목표 설정'은 필요하단다.

내가 무엇을 향해서 달려갈지, 어떻게 갈지, 왜 그 목표를 내가 이루고자 하는지를 분명히 하면 목표에 도달할 확률도 높아지고 당연히 설정하지 않고 무작정 출발할 때와는 비교할 수 없이 속도도 빠르겠지? 그래서 선생님이 하고 싶은 조언은 이거야.

당연히 지금까지와는 다른 방법으로….

지금부터 해본 적 없는 방식을 시도해서 너의 새로운 목표를 설정하는 거야. 네가 지금 몇 학년인지 몇 등급인지는 중요하지 않단다. 다만, 네가 어떤 목표를 이루기를 원하는지가 가장 중요하지. 그리고 그 방법을 선생님과 함께해보는 거야.

물론 바로 효과가 나올 수도 있고, 그렇지 않을 수도 있어.

하지만 모든 일에는 '시간'이라는 것이 필요하고, 목표에 맞는 '노력'이 필요하단다.

분명한 사실은 '반드시 해낼 거다.'라는 거야.

선생님에게 오는 대부분의 4~5등급의 학생들이 가장 많이 하는 질문 중 또 다른 하나는 이것이란다.

"제 성적에 인서울이 가능할까요? 지방대라도 가면 다행이죠? 그냥 갈 수 있는 대학 갈게요."

당연히 지금 네 성적에는 될 리가 없지. 하지만 우리는 '목표 달성'을 위해 '스파르타식 공부법'으로 자신을 스스로 채찍질해가며 방법을 달리 할 것이고, 그럼 당연히 입력 값이 달라졌으니, 출력 값이 달라질 수밖에 없단다. 그리고 지금 네가 얼마만큼의 노력을 넣을 수 있는지는 오로지 너의 의지에 달려 있지.

간절히 원하면 이루어지는 것이 아니야. 간절히 원하기 때문에 매일 꾸준히 엄청난 양의 노력을 퍼부을 수밖에 없었고, 그 덕분에 나의 목표와 소망이 이루어지는 거란다.

지금 이 책을 읽고 있는 너희의 꿈은 '현재 완료형'이 아니라 '미래 진행형'이란다.

지금 품고 있는 목표를 성장시켜서 결국 너의 꿈을 스스로 찾아내고, 그리고 그 꿈을 위해 노력을 하며 달려갈 거야.

그리고 너와 네 꿈이 함께 성장하며, 함께 사회에 기여하고, 이 사회에 긍정적인 영향력을 끼치며 타인을 이롭게 하게 될 거야. 그러니 포기하지 말고 너 자신을 스스로 다시 리셋하는 시간을 꼭 가지길 바라. 스스로에 대해 생각해보는 시간을 가지고, 내가 정말 원하는 건 무엇인지에 대해 고민해보렴.

단순히 '어떤 사람이 되고 싶다.'라는 것이 아니라, 어른이 되어 어떤 집에서 어떤 루틴을 가지고 생활하며, 주변에는 어떤 사람들이 함께하는지, 너는 어떤 성격을 가지고 있고, 네가 하는 일은 사회에 어떤 영향을 주게 되는지, 그리고 너는 얼마큼의 돈을 벌고 그 돈을 어떤 부분을 위해 쓰고 있는지….

마치 한 편의 영화를 제작하듯 한번 상상해보렴.

그리고 그 상상한 내용을 한번 65페이지에 써볼래?

너의 하루를 쓰는 거야. 어른이 되어 네가 원하는 직장을 가지고 네가 원하는 집에서 생활하는 너의 하루를….

예를 들면 이런 거지.

나는 아침에 일어나서 커피 머신에 따뜻한 아메리카노를 내려놓고 커피 한잔과 함께 음악을 들으며 한 시간 동안 독서를 한다. 그리고 내가 좋아하는 해물탕과 각종 반찬을 세팅하여 사랑하는 가족들과 함께 식사하고 출근을 한다. 회사에 도착해서 직원들과 잠시 농담을 주고받으며 즐거운 인사를 나누고 업무를 위해 사무실로 들어간다.

사무실 안에서 메일로 오늘 해야 할 업무들을 처리하며, 직원들의 결재 문서를 꼼꼼히 검토한 후 결재한다. 점심시간이 되었다. 나는 직원들과 함께 어제 우리가 단톡방에서 공유했던 샤브샤브 맛집을 찾아간다. 사장님이 너무 친절하셔서 들어가자마자 기분이 좋았다. 이렇게 친절한 사장님이 운영하는 가게이니 물론 요리도 일품일 것 같다고 직원들과 함께 수다를 떤다. 음식이 나왔다. 너무 푸짐하게 나온 음식에 우리 모두 휴대전화기를 꺼내 사진을 찍고 있다. 역시 음식은 최고의 맛이다. 훌륭한 점심 식사를 마치고, 직원 중 한 명이 내기에서 지게 되어 커피를 쏜다. 잠시 커피숍에서 담소를 나누고 가벼운 마음으로 사무실로 돌아간다.

사무실에서 오후 업무를 모두 마치고 6시 30분에 퇴근한다.

오늘은 따로 저녁 약속이 없어서 가족들과 함께 저녁을 먹을 예정이다.

그리고 남편은 나를 위해서 닭볶음탕을 집에서 아이들과 함께 준비하는 동영상을 보낸다. 나는 행복한 마음으로 운전하여 귀가한다.

먼저 퇴근한 남편과 아이들이 나를 반겨주었고, 미리 준비된 따뜻한 물에 잠시 몸을 담그며 피로를 풀고 나가서 가족들과 함께 즐거운 식사를 한다.

오늘 하루도 멋지고 행복한 날이었다.

자, 어떠니? 너희가 생각하는 미래의 하루를 어떻게 그려야 할지 감이 오니?

이렇게 생생하게, 마치 영화를 보듯이 너의 하루를 써보렴. 그럼 마치 진짜 그 상황에 있는 것 같은 착각이 들 거야. 그럼 너희의 뇌는 빠르게 그 목표를 이룰 방법을 찾게 될 거란다.

믿기지 않겠지만 사실이야.

그리고 더 놀라운 사실을 하나 말해줄게.

너희가 지금 옆 페이지에 적은 너희의 하루는 아마 거의 유사하게 이루어져 있을 거란다. 그러니 확인을 해보고 싶다면 옆 페이지에 꼭 상세하게 너희가 원하는 꿈을 이룬 나의 하루를 적어보고 적은 걸 꼭 사진으로 찍어두고 간직해보렴.

그리고 성인이 되었을 때 한번 확인해봐.

그럼 아마 놀라울 정도로 비슷한 삶을 살고 있을 거야.

그러니 선생님을 믿고 반드시 내가 원하는 가장 최고의 삶을 가장 구체적으로 적어야 한단다.

선생님은 지금은 냉철한 긍정주의자에 가깝지만 어린 시절부터 불과 7~8년 전까지만 해도 부정과 의심덩어리였던 사람이란다. 그래서 이런 이야기를 하면 '본인한테만 해당되겠지.'라고 생각하며 믿지 않았지. 그래서 선생님은 직접 눈으로 보고 귀로 듣고 내가 경험한 사실만을 믿었고, 그 사실들만을 공유했단다.

선생님이 무슨 말을 하려는지, 혹시 눈치 챘니?

이건 책 속에 있거나 영화 속에 나오는 말들이 아니라, 그 부정덩어리의 선생님이 직접 경험한 사실이라는 거야. 그래서 너희에게 자신 있게 이야기할 수 있단다.

"기적은 이루어진단다. 그리고 반드시 나에 의해 이루어지게 되어 있지. 내 인생의 기적은 내가 만드는 거니까."

처음 선생님이 『꿈꾸는 다락방』이라는 책을 읽었을 때 '이게 무슨 말이야? 이런 걸 신짜 사람들이 많이 읽는다고? 이런 걸 진짜 믿는다고?' 이런 생각을 했어.

그러면서도 시키는 대로 내가 꿈꾸는 걸 한번 적어보기 시작했고, 사진으로 찾아서 나의 꿈을 그려보고 상상해보기 시작했단다.

　그래⋯. 그때 그리고 생각하고 꿈꾸었던 삶을⋯. 선생님이 지금 살고 있단다.

　굳이 다른 점이 있다면 지역이 다를 뿐⋯. 선생님이 상상하던 바로 그 루틴으로 학생들과 함께 강의하며, 나만의 시간에는 나의 하루를 충분히 즐기며 살아가고 있단다. 놀랍지 않니?

　그러니 너희도 속는 셈 치고 한번 선생님을 믿고 해보렴. 반드시 그 실현 가능성은 선생님이 보장할 테니.

1-5 천지를 창조하듯 내가 원하는 나의 최고의 미래를 창조하기

내가 꿈꾸는 가장 이상적인 미래의 나의 하루를 구체적으로 상상하며 적어보세요. 주의할 점은 지금 나의 성적이나 상황, 가정 환경, 부대 비용 등의 모든 조건은 배제시키고 소원을 들어주는 지니처럼 무조건 내가 원하기만 하면 이룰 수 있다고 생각하고 원하는 것에만 초점을 맞추어 적어야 합니다.

_____

_____

_____

_____

_____

듀크대학교

STUDY·PLAN·RESTART·TRACE

2장

중등 영어!
이것이 핵심!

Spartan Way

01

동사만 제대로 알아도 60%는 끝난다고?

자, 이제 본격적으로 영어에 관한 이야기를 한번 해볼까?

영어에서 가장 중요한 품사는 뭘까?

이렇게 질문을 하면 우리 학생들의 약 70%는 "주어요~."라고 답을 한단다.

사실 '주어'는 품사가 아니지?

품사라고 하는 건 사전적으로 정의를 하면 '단어를 공통된 성질에 따라서 구분한 것'을 의미한단다.

그리고 영어에는 총 8품사가 있어. 이를 '영어의 8품사'라고 하지.

영어의 8품사에는 '명사, 대명사, 동사, 형용사, 부사, 접속사, 전치사, 감탄사'가 있단다.

그중에 가장 대표적인 품사 4개를 뽑을 거야.

그게 바로 '명사, 동사, 형용사, 부사' 문장을 이루는 핵심 전사들이지.

선생님은 이 4가지를 '명동형부'라고 한단다. 선생님은 만약 언니가 있으면 '명동에 사는 형부'가 있었으면 좋겠어~. 이렇게 설명하지~.

그리고 이 '명동형부' 중에서도 더더욱 중요한 한 가지 품사는 바로 '동사'란다.

그래서 영어에서 왕은 동사야.

동사에 따라서 모든 것이 달라지거든.

동사에는 양쪽 날개가 있는데 그중에 한쪽 날개는 '태'이고 또 다른 날개는 '시제'야.

이렇게 양쪽 날개가 쌍을 이루어야 동사가 탄생할 수 있단다.

그리고 문장이 수식을 받아서 길어질 때도 이 '동사'만 찾으면 길어진 문장을 분석하는 게 훨씬 쉬워지지.

그러니까 결국 문장 분석의 첫 번째 단계는 '동사'를 찾는 연습에서 시작된단다.

자, 그럼 가장 중요한 한 문장의 원칙부터 짚고 넘어가자!

선생님과 약속 원칙 하나!

한 문장의 원칙 : 한 문장에서 동사의 개수는 1+ 접속사의 개수!

선생님은 독해할 때 문장 분석을 이미지화시켜서 하는데 이때 접속사는 세모로 표시한단다. 접속사는 두 문장을 한 문장으로 이어주는 접착제 역할을 하는 아이야.

결국, 한 문장에서 동사의 개수는 무조건 1개! 여기에 접속사가 붙으면 문장이 하나 더 붙는 거니까 1개씩 추가될 수 있는 거지.

그럼 동사의 개수가 왜 중요할까?

그 이유는 어법성 판단 문제의 대표 주자 중 한 명이 한 문장의 원칙 물어보는 문제기든~.

한 문제를 예로 들어보자.

All it takes to disorient most people outdoors being a dense mist, a few unplanned turns in the woods, or night fall.

위의 문장에서 틀린 부분을 찾아보자. 어떤 부분이 틀렸을까?

찾았니? 그럼 알맞게 고쳐보자. 어떻게 고쳐야 할까?

이게 대표적인 한 문장의 원칙 물어보는 문제야.

원래는 being에 밑줄이 그어져 있는 오지선다로 나왔겠지?

'다음 중 어법상 틀린 것을 찾으세요.'라는 질문과 함께….

위의 문장 구조를 분석해보면 관계사로 묶이는 절 'it take ~ outdoors' 까지가 All이라는 명사를 수식하고 있는데 정작 주어인 All에 걸리는 동사가 없지? 그러니까 동사가 아닌 being을 동사인 is로 바꿔줘야 하는 거야.

위의 문장은 2010년 9월 고2 모의고사에서 나왔던 지문이란다.

이렇게 동사를 찾는 것만으로도 해석하지 않아도 풀 수 있는 어법성 판단 문제들이 많지? 그래서 영어 지문을 읽기 전에, 다시 말하면 글을 읽기 전에 문장 단위의 공부가 먼저 되어야 하는 거야. 그 문장 단위의 학습을 위한 교재들이 시중에도 정말 많이 나와 있단다. 그중에서 자신에게 맞는 수준의 교재를 골라서 철저히 단순한 '번역'이 아니라 '이해에 기반한 학습'이 이루어져야 나중에 글을 이해하는 데도 도움이 될 수 있는 거란다.

혹시 위의 지문을 읽을 때 "선생님, being이 동사가 아니에요?" 하는 질문이 드는 학생은 없었니? 믿기지 않을지도 모르지만, 생각보다 많은 학생이 동사와 동사가 아닌 것을 구분하는 능력을 갖추고 있지 않은 경우가 많단다. 특히 동사에 –ing가 붙었을 때 진행형이라고 착각하는 경우가 많거든.

그래서 정확하게 배워야 해.

너희가 아는 '진행형'의 동사의 형태는 'be 동사 + –ing' 형태란다. 다시 말하면 그냥 –ing 형태는 동사가 아니라는 말이지.

그럼 뭘까? 우리가 아는 동사에 –ing가 붙은 형태는 2가지가 있을 거야.

동명사와 현재분사!

동명사는 말 그대로 동사가 명사 역할을 하고 싶어서 그 형태를 변형시킨 거란다. 결국 동명사는 명사 역할, 즉 문장 내에서 주어, 목적어, 보어 역할을 하는 거지.

아직도 품사와 역할이 헷갈리는 건 아니지?

혹시나 아직 품사와 그 역할이 헷갈리는 학생들은 이렇게 생각해보자.

선생님 이름이 '권장미'야. 이게 품사야!

선생님은 학원에 있어도 집에 있어도 친구를 만나도….

언제 어느 위치에 있어도 '권장미'라는 건 변함이 없지?

하지만 너희는 '권장미'라는 품사를 뭐라고 부르니?

'선생님'이라고 부르지? 선생님이 집에 가면 '딸'이 되고, 동생에게는 '누나'가 되는 거야. 그리고 친구들과 함께 있을 때는 '친구'가 되지.

여기서 '선생님, 딸, 누나, 친구…'가 '권장미'라는 품사가 하는 역할이란다. 다시 말해 '권장미'라는 품사가 어느 위치에 있느냐에 따라서 하는 역할이 달라지는 거지.

즉, '명사'라는 품사가 어느 위치에 있느냐에 따라 역할이 달라지고, 그 역할을 불러주는 거지만 이름 자체는 '명사'란다.

자, 어떠니? 이제 이해가 되지?

이게 선생님 설명 방식이란다.

문법이 어려운 것이 아니라는 생각을 너희에게 심어주고 싶어.

어쩌면 '문법'이라는 글자 자체가 너희에게 주는 압박과 부담감이 클 거라고 생각해.

　그래서 선생님은 문법을 좀 더 쉽게 이미지화를 하거나 비유를 통해서 너희가 더 잘 이해할 수 있도록 도와주고 있단다.

　이 장에서는 영어의 품사 중에 가장 중요한 동사에 대한 부분과 품사와 역할을 차이에 대해 알아보았어.

　어때? 어렵지 않지?

　이렇게 어떤 공부든 어떻게 접근하느냐에 따라 체감 난이도가 달라진단다.

　다시 말해 '문법이 어렵다'라는 건 어쩌면 너희가 자신에게 건 주문은 아닐까?

2-1 아는 것과 모르는 것을 구분하기

앞 장에서 선생님이 설명한 내용을 다시 여러분의 언어로 적어보세요. 동사-동사가 아닌 것, 명동형부 등 기억나는 것을 모조리 적어보세요. 단, 다시 앞으로 돌아가서 참고하지 말고 지금 내가 얼마만큼 기억하는 지를 보는 거예요. 그러고 나서 앞 장으로 돌아가서 채점 및 보강을 해보세요. 이게 바로 메타인지의 시작이랍니다.

02

중학교 2학년 영어, 수능까지 간다!

대한민국 영어 공부의 핵심은 과연 어느 과정일까?

영어 시험을 정식으로 치기 시작하는 학년은 지금은 중학교 2학년부터 시작을 하지? 그럼 언제가 가장 중요한 시기라고 생각하니?

당연히 제목으로 추측하면 중학교 2학년이겠지? 아니면 중학교 1학년일까?

정답은 초등학교 6학년이란다.

초등학교 저학년에는 기본적인 단어, 문장, 어순, 발음을 익히면서 정확한 논리는 모르지만, 영어식 어순과 발음이 체화되는 과정이 필요해.

그래서 선생님은 지인들이나 학부모님들이 초등학교 저학년 영어 공부법을 상담하면 선생님한테 오지 말고 어학원을 가라고 한단다.

어학원에서 서툴지만, 원어민과 소통도 해보고, 노래도 하고, 무작정 따라 읽기도 해보면서 영어에 대한 거부감을 줄이고 친해지는 시간이 필요한 거지. 이렇게 초등학교 4학년에서 5학년 정도까지 영어를 즐기면서 공부하고 자연스럽게 발음을 배우고, 영어가 공부가 아니라 언어라는 것을 알게 되면서 재미를 느낄 수 있어야 영어가 공부가 되었을 때 훨씬 덜 힘들 수 있단다.

그리고 나서는 6학년부터 시험을 위한 공부를 할 준비를 하는 거야.

단어의 의미도 익히면서 문제를 풀어가는 방법도 배우고, 문법도 하나씩 배우면서 자신감을 얻어가는 거지. 물론 이 과정에서 이제까지 재미있게 배우던 영어와 다르고, 딱딱한 수업 환경에 힘들어하는 학생들도 있지만, 반드시 거쳐야 하는 과정이란다.

그렇게 기초 문법, 독해, 서술형 연습을 중학교 1학년 과정까지 마치고 나면 중학교 2학년 과정이 훨씬 가벼워진단다.

선생님이 이렇게 말하는 이유는….

대한민국 입시 영어의 가장 핵심 학년이 바로 중학교 2학년이기 때문이야!

중학교 1학년까지는 기본적인 부분들을 다루기도 하고, 학생 대다수는 영어에 자신감을 가지고, 영어 공부에 대한 어려움을 느끼지 않아.

그러다가 중학교 2학년이 되면서 갑자기 문법이 쏟아져 나오기 시작하고 시험을 치기 시작하지? 그때부터 위기의식을 느끼기 시작하면서 점점 영어와 멀어지기 시작하는 거야. 그렇게 4번의 시험을 어영부영 치르고 나면 중학교 3학년이 되지? 그때부터 일명 '영포자'가 생기는 거란다.

"선생님, 저는 원래 영어 못해요."

"선생님, 우리 아이가 수학은 잘하는데 영어는 너무 싫어해요."

"문법이 너무 어려워요."

이 과정에 공감하는 학생들이 많을 거라고 생각해.

조금의 위안을 주자면. 너만 그런 건 아니란다.

그리고 방법이 없는 것도 아니니 너무 좌절하지는 말았으면 좋겠어.

그래서 선생님은 고등학교 2학년 학생이 선생님을 찾아와도 중학교 2

학년 책으로 공부를 시키는 경우가 종종 있단다. 물론 그 학생이 인정하고 동의하는 상황에서 진행하지.

사실 공부보다 더 중요한 건 자신을 지키는 일이야. 그래서 그 학생이 공부를 통해 자존감에 상처를 받지 않도록 그렇게 해야 하는 이유와 이후 기대할 수 있는 학습 효과에 대해 충분히 설명하고 나서 수업을 진행하지.

그런데 여기에 놀라운 사실이 숨겨져 있단다.

그 학생은 선생님과 분명히 중학교 2학년이라고 쓰여 있는 책으로 문법을 공부하고 있는데, 시험 기간이 되면 고등학교 내신 시험에 그 책에서 공부한 부분이 나오는 거야.

선생님이 공부방을 운영하고 있을 때 이야기란다.

어떤 예쁜 여학생이 찾아왔어. 상담하며 영어 등급을 물어봤는데 수줍게 이야기를 하더라고….

"6등급이요…."

그래서 중학교 시절에 영어 공부를 어떻게 했는지, 어떤 부분이 가장 어려웠는지에 관한 이야기를 나누었더니 역시 중학교 2학년 때 영어 공부에 어려움을 느꼈는데 딱히 방법을 찾지 않고 그냥 지나친 거야.

질병을 예를 들자면 치료하지 않고 방치한 거지.

그렇게 세월이 지나 고등학교 2학년이 되었고, 대학을 가려고 하니 영어가 자꾸 발목을 잡더라는 거야. 그래서 비슷한 수준이었지만 지금은 2등급을 받는 친구에게 물어보니 좀 빡세긴 한데 할 자신 있으면 장미쌤한테 가보라고 했대. 그래서 마지막 동아줄을 잡는다는 마음으로 선생님을 찾아오게 되었단다.

선생님은 이 학생에게 충분히 설명한 후에 중학 영문법 2학년 교재로 수업을 진행했어. 이 학생은 표지를 보고 쉬울 거라고 생각했는데 표지와 다른 반전 문제들에 놀랐다고, 진짜 내가 이걸 모른다는 생각을 못 했었다며 신기해하면서도 의아해하던 그 표정이 아직도 잊을 수가 없단다. 그 교재로 약 2개월을 공부하던 중에 중학교 시험 기간이 다가왔어. 근데 그 교재에 나왔던 문법이 시험 범위에 포함되었고, 예문들도 문제들도 그 교재와 유사하다는 걸 알고 나서는 "선생님이 왜 이 책으로 공부하자고 했는지 알겠어요. 역시 선생님 말씀이 맞았어요." 하면서 웃으며 이야기하더라고….

당연하지!! 선생님이 감히 단언컨대 수능까지의 영어에서 문법은 중등 영어가 전부라고 해도 과언이 아니란다.

그리고 중등 영어가 탄탄하게 다져졌을 때 그를 기반으로 해서 고등부에서 구문이라는 것을 좀 더 심화해서 적용해나가는 거지….

자, 이제 이 아이의 등급은 어떻게 달라졌을까?

6등급을 받던 아이는 첫 시험에서는 5등급을 받았어. 지금 너희 생각을 맞춰볼까?

'에이, 겨우?' 딩동댕~.

얘들아, 영어라는 과목은 언어이기 때문에 시간이 필요한 과목이야.

공부하며 지식으로 알게 되는 것들과 나에게는 생소한 이 언어에 대한 감이라는 것이 딱 맞아떨어지는 순간이 있어. 그 교차점에 딱 맞았을 때 점핑할 수 있고, 그때가 비로소 영어에 대한 어느 정도의 자신감을 가지게 되면서 실력이 향상했다고 할 수 있단다.

이후 3번째 시험에서 이 아이는 2등급을 받게 되었고, 수능은 1등급으로 졸업을 했단다.

결국 원하던 대학에 합격을 할 수 있었지.

조금 더 보태자면 그해의 수능에서 영어는 불수능이라고 다들 어렵다는 평가가 많았던 해였단다.

자, 이제 알겠니?

영어 공부의 핵심은 중학교 2학년이라는 걸….

그래서 선생님이 항상 강조하는 건 다른 건 다 양보해도 중학교 2학년 영어만큼은 절대 선행하면서 지나가거나 대충 안다고 생각하고 지나가지 말라고 하는 거야.

반복하고, 반복하고 또 반복할 만한 가치가 충분히 있는 과정이란다.

그래서 우리 학원 학생 중에 어릴 때 들어와서 고등 선행을 하는 중학교 학생들도 중학교 2학년 때에는 다시 그 과정을 반복한단다.

그렇게 익힌 실력은 절대 배신을 하지 않는 법이니까….

그러니 당연히 모든 교육과정이 다 중요하고 의미가 있지만, 영어에서만큼은 중학교 2학년 과정은 영어 문법의 꽃이자 핵심이라는 선생님의 말을 꼭 기억하도록 해.

2-2 영어로 표현하기

오늘 하루 있었던 일이나 이 책을 읽으면서 느낀 생각이나 감정들을 영어 문장으로 최소 10문장 이상 적어보세요.

03

중등 영어! 독해 공부법

'독해는 어떻게 공부를 하는 것이 가장 좋은가요? 독해할 때 한국식 어순으로 자연스럽게 해석이 잘 안 돼요. 단어는 하루에 몇 개씩 외우는 것이 가장 적당한가요? 꼭 본문을 다 외워야 하나요?'

보통 중학생 또는 중학생 학부모님들과 상담을 하면 이런 질문이 가장 많은 것 같아.

그럼 하나씩 선생님과 차근차근 답을 찾아보자.

독해는 어떻게 공부해야 하나요?

일단 처음에는 해석하려는 욕심을 버리고 형광펜을 잡고 모르는 단어를 먼저 체크하자.

그다음 모르는 단어의 뜻을 적고 해석을 해보는 거야. 그런데 해석이 뭔가 이상해? 그럼 아마 네가 사전에서 찾은 1번의 뜻이 아니라 2번이나 3번의 뜻으로 쓰인 것일 수도 있어.

이걸 영어에서는 '다의어'라고 하는 거지.

'그럼 여러 가지 뜻을 다 외워야 하나요?'라는 생각이 들 거야. 답을 해주자면, 중등 과정에서는 굳이 다 외울 필요까지는 없어. 항상 잘 나오는 뜻이 있으니 일단 기본적으로 잘 쓰이는 뜻을 중심으로 외워두면 된단다.

"독해할 때 한국식 어순으로 자연스럽게 해석이 잘 안 돼요."

여기에 대한 답은 '한국식 어순으로 해석하지 마세요.'란다.

알다시피 영어와 한국어는 어순 자체가 다르지?

그런데 우리는 자꾸 한국식 어순으로 바꿔서 해석하려고 하고, 그게 잘하는 거라고 착각을 하게 되는 것 같아.

영어는 영어식 어순으로 '직독 직해' 하는 것을 선생님은 추천한단다.

의미덩어리로 끊어서 해석을 하는 거지. 만약 의미덩어리가 힘들다면, 처음에는 주어, 동사, 목적어, 목적격 보어, 그 사이의 수식들을 다 끊어서 해석해도 된단다. 그러다 보면 의미덩어리가 점점 보이게 되거든.

선생님이 직독 직해를 추천하는 이유는 여러 가지가 있지만, 그중에 시험과 연관된 이유는 바로 영작할 때 유리하기 때문이야.

우리가 한국어를 영어로 영작하기 위해서는 한국어를 다시 분석하지?

영어식 어순으로! 그런데 영어는 또 한국식 어순으로 분석을 해.

이제 이런 시간 낭비를 하지 말자는 거야.

우리가 공부하는 과목은 영어잖아. 그럼 영어식 어순 그대로 직독 직해를 해야지.

그래야 영작을 할 때도 그 어순으로 자연스럽게 배열이 되지.

그리고 그 직독 직해가 익숙해지면 아마 한국어처럼 자연스럽게 와닿게 될 거야. 겁먹지 말고 앞서 설명한 것처럼 처음에는 아주 작은 단위로 쪼개 해석을 하고 실력이 점차 늘어가면서 그 덩어리를 조금씩 늘려나가면 점차 자연스러운 말로 이어지게 되어 있단다.

"단어는 하루에 몇 개씩 외우는 것이 적당한가요?"

하루에 외워야 할 단어의 절대적인 숫자가 있는 건 아니란다. 대신 암기는 훈련이기 때문에 자신의 능력에 맞게 단어의 수준과 양을 선택해야지. 그럼 어떻게 알 수가 있을까요?

일단 단어장 선정부터 가르쳐줄게. 단어장 선정 기준은 서점에서 단어장 하나를 들고 그 안의 단어들을 봐. 그중에 내가 모르는 단어가 10개 중에서 7개 이상이면 적당한 거란다.

10개의 단어 중에 10개를 다 모른다면 그보다 아래 단계의 단어장을 선택하는 것이 좋아. 그리고 만약 10개의 단어 중에 5개 이상의 단어가 아는 단어라면 그보다 상위 단계의 단어장을 선택하는 것이 가장 좋단다.

그리고 단어를 외워서 스스로 시험을 쳤을 때 점수를 통해 단어의 양을 조절할 수 있어.

예를 들어 30개의 단어를 외웠을 때 1~2개 정도의 오답이 나온다면,

단어의 양을 40개로 늘릴 필요가 있단다. 앞서 말했듯이 암기력은 훈련 이란다. 그래서 시간과 노력의 투자와 성과는 반드시 비례하지. 다만 처음에는 너무 무리하지 않게, 다시 말해 단어 암기에 지나친 시간을 투자하지 않도록 하루에 자투리 시간을 포함해서 1~2시간 정도에 외울 수 있는 양을 선택하자.

모든 언어의 기본은 어휘력에서 시작한단다.

문법이든 뭐든 단어를 모르고는 해결될 수 없는 영역이지.

그러니 단어 암기는 필수 중의 필수라고 할 수 있어.

앞으로 영어 기본기가 탄탄해지고 실력이 향상되더라도 멈추지 않아야 할 부분이 바로 단어 암기란다.

기본적인 중학 영어 수준에서 꼭 필수적인 영어 단어는 대략 2,000단어 정도라고 할 수 있어.

여기서 기본적인 단어라고 하는 건 독해, 문법, 대화문 등 어디에서도 자주 사용되는 어휘이고 우리에게 이미 익숙한 외래어들도 포함되어 있단다.

기본적이고 쉽다고 자만하지 말고 꼼꼼하게 다의어까지 챙겨서, 숙어 표현까지 외워두어야 한단다. 이렇게 영어 단어 암기 훈련이 영어 기초 학습 단계에서 습관적으로 형성되어야 더 높은 수준의 영어 공부를 할 수가 있어. 그리고 한 번 외웠던 단어는 반드시 다시 외우기! 예를 들면 오늘 단어를 1번~30번까지 암기를 했다면 내일은 20번~40번까지 그다음은 30번~60번까지 이렇게 일주일을 하고 나면 일주일째 되는 날에는 전체를 한 번 다시 복습하기! 이렇게 단어장 한 권을 처음부터 끝까지 하고, 이 과정을 3번을 반복하는 거야. 단어의 개수는 정답률에 따라 조금씩 늘려가는 거지. 단어 시험을 쳐봤을 때 50개 기준으로 5개 정도 틀리면 그건 너의 현재 암기력에 맞는 거로 생각하면 판단하기가 조금 쉽겠지?

그만큼 영어에서 단어는 중요한 부분이란다.

"꼭 본문을 다 외워야 하나요?"

이 질문에 대한 선생님의 답은 이거야.

"중학교 과정에서는 다 외우는 게 좋아."

왜냐하면 본문과 대화문의 통문장을 암기하는 것은 영어의 기본이기 때문이지.

그래서 선생님은 어느 정도 기본기가 다져지고 나면, 단어보다는 숙어, 숙어보다는 문장을 외우라는 말을 한다.

문장을 외우게 되면 자연스럽게 영어식 어순이 받아들여지고 그 과정에서 문장 속의 단어와 숙어의 의미도 알 수 있게 되니까 일석 삼조 그 이상의 효과를 볼 수 있지.

이외에도 통문장 암기의 효과에 관한 많은 연구 결과가 있으니 외워서 나쁠 건 전혀 없겠지?

"영어를 어떻게 하면 잘 외울 수 있을까요?"

선생님은 이 질문에 모든 감각을 사용하는 것을 추천한단다.

특히 그냥 눈으로 외우는 학생들이 있는데 그렇게 잘 외워지더라도 가장 빨리 잊히는 암기법이란다. 그래서 빠른 시간에 외우면서도 조금이라도 더 기억하는 방법은 눈으로 보면서 손으로 쓰고 입으로 읽으면서 암기하는 거란다. 그리고 단어든 문장이든 반드시 입으로 말하면서 암기하는 습관을 늘이는 것이 중요해.

단, 여기서 조심할 점이 있어.

단어를 절대 스펠링으로 읽으면서 외우면 안 된다는 거야.

예를 들어 friend라는 단어를 암기하면서 눈으로 보고 손으로 쓰면서 동시에 입으로는 '프렌드'라고 읽으면서 외워야지. 이 단어를 읽을 때 '에 프 알 아이 이 엔 디' 이렇게 읽으면서 외우면 절대 안 돼. 그럼 나중에 발음하면서 쓰지 못하는 아이들도 많고, 특히 영어 발음을 모를 때 이렇게 대체하는 경우가 있는데 그럼 그 단어의 정확한 발음을 알 기회는 없어지는 거란다.

이건 만약 외국인이 한국어를 배운다고 가정을 하면 이런 상황이란다.

'김치'라는 단어를 암기하는데 발음을 몰라서 '김치'를 쓰면서 '기역 이 미음 치읓 이' 라고 발음하며 외우는 것과 같은 상황이라고 설명을 하면 얼마나 심각한 상황인지 이해가 갈까?

반드시 정확한 발음을 듣고 따라 하면서 눈으로 보고 손으로 쓰면서 읽기!! 절대 잊지 말자!

모르는 단어를 따로 정리할 노트나 수첩을 준비하세요.

그리고 하나의 모르는 단어와 의미를 찾아서 적었으면 유의어와 반의어도 함께 정리하세요. 이렇게 하면 뇌에서 자동으로 그 단어와 유사한 단어를 연관 지어준답니다.

2-3 나만의 영단어 암기장 실천하기

지금 당장 독해집 하나를 꺼내서 지문 속에 모르는 단어와 뜻을 적어보세요.

단, 뜻은 해설지에서 찾지 말고 반드시 사전에서 찾아서 3가지 이상 적어보세요. 그리고 그 단어의 유의어와 반의어도 함께 정리해보세요.

04

중등 영어! 문법 공부법

이 책은 영문법 책이 아니기 때문에 모든 문법을 설명하고자 하는 게 아니야.

영어 문법은 너희가 학교와 학원, 인터넷 강의 등의 다양한 경로를 통해 충분히 자세히 배우고 있을 거라 생각해. 그래서 선생님은 문법에 대한 너희의 생각을 조금 바꿔주려고 해.

선생님이 학원에서 신입생 상담을 할 때 '영어에서 어떤 부분이 어려워?'라는 질문을 하면 거의 80% 이상 학생들의 대답은 동일하단다.

"문법이요."

왜 그럴까? 앞서 이야기 했듯이 아마 '문법'이라는 단어가 너희에게 주는 압박감과 부담감이 다실 가장 클 거로 생각해.

알고 보면 가장 단순하고 가장 쉬운 부분이 문법이거든.

그 이유를 지금부터 선생님이 설명해줄게.

1. 독해는 필자의 의도에 따라서 답이 달라질 수 있지만, 문법은 수학처럼 답이 정해져 있단다.

독해는 글이기 때문에 출제나 필자의 의도에 따라서 주장이나 빈칸 추론 부분에 관한 생각이 다를 수가 있단다. 논리적으로 문맥을 따져보았을 때 너무나 많은 사람이 명백하게 3번을 답이라고 생각하지만 출제자 또는 필자의 의도가 2번이 정답일 경우가 가끔 있지. 하지만 문법은 수학과 같아. 그래서 1+1은 2가 되어야 하는 거야. 그리고 문법 문제는 틀리더라도 반드시 이유가 있어야 하고, 정답이 맞더라도 반드시 이유를 알아야 한단다.

원리가 정해져 있기 때문이지.

앞서 설명한 한 문장의 원칙에 대한 문제처럼 말이야. 그래서 그 원리만 정확히 인지하면 정해진 답을 찾는 건 어렵지 않단다.

2. 문법은 해석하지 않고 풀 수 있는 문제가 많아.

문장의 구조를 파악할 줄 알고, 문제 출제의 의도를 파악할 줄 안다면, 다시 말해 이 문제가 나에게 무엇을 물어보는 문제인지를 안다면 굳이 글 전체를 해석하지 않아도 풀 수 있는 유형이 아마 유일한 어법성 판단 문제가 아닐까?

예를 들어보자.

When a human being walks, his or her arms and legs moving in a specific way in relation to his or her body, whereas an air plane is one whole chunk of metal with relatively few visible moving pars.

이 문장에서 틀린 부분을 찾으라고 하든지, '어법상 틀린 것은?'이라는 객관식 문제로 출제되었을 경우 어떻게 풀 수 있니?

선생님이 한 문자의 원칙에 대해 설명했던 거 기억나니?

한 문장에서 동사의 개수는 1+ 접속사의 개수!

그럼 위 문장에서 접속사는 몇 개?

when과 wheras 두 개지? 그럼 동사의 개수는 몇 개가 되어야 할까?

2+1 = 3

그럼 동사가 3개 나와야겠네?

처음부터 대충 눈으로 훑어봐~.

그럼 처음 눈에 걸리는 동사는? walks, 그다음 걸리는 동사는? is.

근데 그 사이에 whereas가 존재한다는 건 새로운 절이 시작된다는 말이지?

그럼 우리가 찾아야 할 동사의 개수는 총 3개인데 2개밖에 안 나온 거네?

그럼 whereas가 오기 전에 'his or her arms and legs'에 걸리는 동사가 나왔어야 하지?

그럼 이 문장에서 틀린 부분은? moving이겠네. 앞서 말했듯이 -ing는 동사가 아니니까. 그럼 동사로 고쳐주면 주어가 복수니까 복수 동사인 move로 고쳐주면 되겠지?

혹시 눈치 챘니? 위의 문제를 설명하면서 선생님은 단 한 번도 단어의 뜻을 설명한 적이 없단다. 그런데도 이렇게 풀 수 있는 건 문법은 원리가 정해져 있는 파트이기 때문이지. 그래서 그 원리만 알면 충분히 해석 없이도 풀 수 있는 문제들이 많아. 얼마나 편한 파트인지 이제 좀 실감이 될까?

그런데 왜 우리는 아직도 문법이 어렵다고 느껴질까?

우리 머릿속에 문법에 대한 정확한 틀이 없기 때문이야.

숲을 보고 나무를 봐야 하는데 자~꾸 나무에만 꽂혀서 숲을 못 보고 있어. 선생님이 질문을 하나 해볼게.

준동사가 뭐니? 준동사에는 어떤 것들이 있어? 형용사절에는 어떤 것들이 있니?

아마 학생 대부분이 지금 바로 머릿속에 떠오르지 않을 거야. (그나마 지금 다행인 긴 이 책을 읽고 있는 너만 그런 건 아니라는 거지~) 그런데 머릿속에 떠오르지 않을 뿐 너희는 이미 알고 있어. 단지 큰 그림을 보지 않고 자꾸 하나하나만 배우다가 지쳐서 정작 열심히 배운 그 나무가 어느 지역에 있는지는 모른다는 거지.

　준동사에는 동명사, to 부정사, 본사가 있어.

　형용사절에는 관계대명사와 관계 부사가 있지.

　이 책을 읽고 있는 중·고등학생들이 관계대명사, 동명사, to 부정사를 처음 들어보는 학생들은 없겠지? 그런데 답이 빨리 떠오르지 않았던 이유는? 그 나무들이 전체 그림에서 어느 지역의 나무들인지 파악하지를 않고, 아니, 애초에 파악하려는 생각조차 없이 그냥 배웠기 때문이야. 그러니 틀이 잡힐 리가 없지.

　이제부터 문법의 큰 그림을 먼저 그리고 그 속에서 나무를 하나하나 배워나가보자. 그럼 아마 어법성 판단 문제를 풀거나 영작을 할 때 많은 도움이 될 거야. 그리고 머릿속에 점선이 아닌 굵은 선으로 문법의 틀이 잡힐 거야.

● 영어의 기본 틀 (숲을 보기)

명사(주, 목, 보)	명사구(2) – 동명사 to 부정사	명사절(4) – that / what / whether / 의문사
동사(서술어)		
형용사(명사 수식, 보어)	형용사구(2) – 분사 / to 부정사	형용사절(2) – 관계대명사(what은 제외) / 관계 부사
부사 (명사 빼고 다 수식)	부사구(1) – to 부정사	부사절(4) – 시간 when 조건 if 이유 because 양보 though

자, 이렇게 정리하고 이 큰 숲 안에 나무를 하나씩 들여다보면서 알아가는 거야.

이 나무에는 가지가 얼마나 있는지, 그에 파생되는 잎은 어떻게 생겼는지를 자세히 들여다보는 거지. 그리고 나시 한번 지금 내가 뭘 배우고 있는지 확인해보는 거야.

모든 건 '명동형부'에서 시작하고 끝난다는 걸 꼭 기억하렴.

2-4 영어의 전체 숲을 기억하기

앞서 설명한 '명동형부'를 나의 방식으로 정리해보세요.

05

중3, 총체적 점검 시기!

중학교 3학년이 되면 학생들도 학부모님들도 많은 생각이 들게 될 거야. 왜냐하면 고등학교 입학을 앞두고 있으니까. 언제나 학교가 바뀔 때는 왠지 모를 긴장감과 설렘이 공존하게 되지. 특히 고등학교 입학의 경우, 대입으로 가는 최종 통로라고 생각하기 때문에 더 긴장되는 건 아닐까?

그리고 고등학교에 들어가서는 더 잘하고 싶은 욕심이 있겠지?

하지만 주변에서 다들 고등학교 공부는 중학교 공부와 비교해 양도 많고 난이도도 높다는 말에 걱정만 늘어가고 있지는 않니? 정작 해보면 별 거 아닌데 주변 말을 듣고 시작도 못 해보고 있는 건 아닐까?

지금 중학교 3학년이라면 고등학교 공부를 걱정하기 이전에 이제까지의 공부를 점검해보아야 할 시기란다. 다시 말해 고등학교 가서 할 공부가 걱정이라면 걱정만 하지 말고 지금의 상태부터 점검하고 빠진 부분부터 메꾸어 나가야 한다는 말이야.

움직이지 않으면 아무것도 달라지지 않는단다.

걱정만 해서는 어떤 변화도 일으킬 수가 없어.

영어뿐만 아니라 전반적으로 중학교 학습 과정에서 습득해야 할 부분들이 빠진 부분은 없는지, 특히 가장 약한 과목 중심으로 점검해봐.

그럼 분명히 구멍이 보일 거야. 그 구멍을 찾지도 채우지도 않고, 고등학교 선행이라는 명목하에 고등 과정에만 매달리다 보면 결국 가장 중요한 순간에 채우지 않은 그 커져 버린 구멍 속으로 빠지게 된단다.

"저는 중학교 때 상위권이었는데 구멍이 없지 않을까요?"

중학교 성적은 진짜 너의 실력이라고 할 수 없지. 그리고 지역과 학교에 따라 난이도 차이가 분명히 존재할 것이고, 네가 다 알고 푼 문제도 있겠지만 그렇지 않고 운으로 맞힌 문제도 분명히 있겠지? 요즘은 EBS 인터넷 강의가 정말 잘되어 있어. 예비 고1들을 위한 강의도 좋은 강의들이 정말 많지. 선생님은 인터넷 강의 보는 걸 워낙 좋아해서 드라마 보듯이 인터넷 강의를 본단다.

그러면서 선생님도 배우게 되지. 물론 배움의 포인트는 너희와는 조금 달라.

너희는 지식을 위해서 인터넷 강의를 본다면 선생님은 요즘 강의 트렌드와 선생님들의 수업 스타일을 보며 배워서 벤치마킹하기도 하고, 선생님 스타일로 바꿔보기도 하고, 강의에 적용해보기도 하고, 학원 학생들에게 그 강의를 소개하기도 한단다.

중학교 공부가 충분히 다져졌다는 생각이 들면 한번 스스로 테스트해보렴.

과목별로 3월 모의고사를 풀어 보는 거야. 출판사마다 3개년 모의고사를 과목별로 모아 놓은 문제집들도 있고, 인터넷에 '전국 연합 학력평가'

라고 검색하면 www.sen.go.kr 사이트가 나온단다. 그럼 학년별 연도별 월별 과목별로 각 기출 문제들이 있을 거야. 그 기출 문제들을 각 과목 시간에 맞추어서 한번 풀어봐. 그리고 나의 점수를 체크해보고 어떤 문제에서 자꾸 틀리는지 확인해 봐야 해. 반복적으로 틀리는 문제는 내가 모르는 문제이기 때문에 반드시 그 부분에 대한 학습이 이루어져야 한단다. 3월 모의고사는 중등 과정을 기반으로 하기 때문에 너희가 스스로 중등 학습에 대해 점검을 할 수 있는 좋은 평가 기준이 될 거야.

그리고 뒷부분에 더 자세히 설명하겠지만 반드시 '오답 노트'는 작성을 해야 한단다.

"틀린 거 다시 보고 알고 가면 되는데 꼭 오답 노트를 작성해야 하나요?"

이런 질문을 하는 친구들도 있어. 여기서 선생님의 대답은 "당연하지!"란다.

정확한 방법으로 꾸준하게 작성한 오답 노트는 나중에 너의 가장 강력한 보조 선생님이자, 너의 무기가 될 테니까. 노트 작성과 학습법에 대한 설명은 뒤에서 더 자세히 할 거니까 여기서는 이 정도만 할게. 어쨌든 오답 노트를 작성하다 보면 알게 될 거야. 과목별로 내가 틀리는 유형들이 정해져 있다는 걸. 그럼 그 유형을 다시 공부하면서 그 유형에 맞는 문제들을 자꾸 풀어보는 거야. 10문제 중에서 9문제가 맞을 때까지 풀어봐야 '내가 정말 구멍을 채웠구나.'라고 판단할 수 있단다.

영어에 대해 모의고사를 기준으로 설명하자면 대략 이렇게 설명할 수 있겠다.

1. 듣기 평가

영어 모의고사에서 듣기 평가는 절대 틀리지 않아야 할 영역 중 하나란다. 모의고사라는 건 결국 수능을 연습하는 건데 실제 수능에서는 듣기를 틀리면 이미 지고 시작하는 게임을 하는 것과 다름없기 때문이야. 혹시나 듣기 평가에서 자꾸 틀리게 된다면 이 부분에 대한 시간과 노력을 투자할 기회는 어쩌면 중3이 마지막일지 몰라.

영어 듣기를 공부할 때 가장 중요한 점은 한 번 풀면서 듣고 채점하고 다음 회차로 넘어가는 건 잘못된 학습법이란다. 같은 듣기를 5번 이상은 들어서 귀가 트이도록 훈련하는 거야. 그래서 듣기에는 시간 투자를 많이 해주어야 한단다.

하지만 5번을 모두 책상에 앉아서 열심히 들으라고 하는 건 아니야.

자, 처음 문제를 풀 때 한 번 듣지? 그다음 받아쓰기를 하면서 한 번 더 듣는 거야. 그러고 나서 채점을 해. 채점할 때 답은 표시하지 않도록 해. 그리고 다시 한 번 들으면서 파란 펜으로 답을 수정하는 거야. 그러고 나서 걸어가면서, 자기 전에 그냥 틀어 놓는 거야. 요즘은 QR코드가 포함되어 있으니 언제 어디서든 들을 수 있지?

그렇게 복습하고 다음 회차로 넘어가는 거란다. 그래야 연음이 들리고 발음이 들리기 시작할 거야. 한 번만 들어서는 귀가 트이기 힘들단다.

그리고 요즘은 교재마다 QR코드에 동영상 강의를 무료로 볼 수 있도록 안내해주고 있어. 그런 강의를 활용해서 내가 자꾸 틀리는 유형들에 대해 학습을 하면 더욱 좋겠지?

모의고사에서 듣기가 차지하는 비중은 대략 37점 정도로 엄청나지? 이 말을 다른 말로 바꾸면 귀만 트여 있어도 37점은 그냥 가져갈 수 있다는 말이야. 그렇게 생각하면 충분히 시간을 투자할 만한 가치가 있는 영역이란다.

2. 어법성 판단 문제

알아. 너희가 가장 두려워할 수 있는 문제의 유형이라는 거. 하지만 선생님이 말했듯이 어법성 판단 문제는 어휘력이 약해도 풀 수 있는 유일한 유형이기도 하고, 다시 한 번 강조하지만 수능까지의 문법은 중학교 문법이 전부라고 해도 과언이 아니기 때문에 중학교 학습을 탄탄하게 한 번 다지고 온 학생이라면 이 부분에 대한 어려움은 없을 거란다.

중요한 건 문제가 무엇을 물어보고 있는지를 판단하는 건데 어법성 판단 문제에서는 출제 유형이 정해져 있어. 그래서 문제가 요구하는 유형을 파악하고 유형별로 문제를 풀어가는 방법만 익힌다면 충분히 시간 절약과 함께 득점을 공략할 수 있는 유형이라고 할 수 있단다.

3. 독해

독해의 경우 고등학교 1학년 모의고사의 수준은 그 안의 단어를 다 알면 해석이 가능한 정도의 수준으로 출제가 된단다. 그러면 여기서 문제는 뭘까?

그렇지! 단어를 모른다는 거잖아.

선생님이 선행보다는 복습을 우선으로 하라고 앞서 이야기했지만, 단어만큼은 이제 중학교 단어에서 벗어나 고등 단어로 넘어가는 것이 좋아. 단어장은 본인의 수준과 취향에 맞는 단어장으로 선택하면 좋지만, 선생님은 보편적으로 '능률보카 어원 편'이라는 교재를 추천한단다. 어원에 따른 단어의 변형을 공부하기도 좋고, 유의어나 반의어도 잘되어 있고 숙어 표현까지 잘되어 있어서 선생님도 즐겨 쓰는 교재이기도 해. 다양한 영어 단어 책을 사서 공부하는 것도 좋지만 일단 한두 권을 완벽하게 숙지한다고 생각하고 반복하며 단어 학습을 하는 것이 훨씬 더 도움이 된단다. 단, 책 속의 큰 단어만 보지 말고 책 속에서 등장하는 유의어와 반의어, 유사어, 다양한 예시문과 활용형 등을 모두 암기할 수 있을 정도로 반복해야 한다는 것, 꼭 기억하렴.

고등학교에서의 공부는 중학교와 비교해 당연히 난이도가 높아지는 건 사실이란다.

하지만 거기에 겁먹고 걱정만 하는 것이 아니라 높아진 난이도를 극복하는 방법들을 하나씩 실천하며 대응해나간다면 고등학교에서의 학습이 그리 어렵게 느껴지지는 않을 거라 생각해. 아무것도 하지 않고 있으니까 무섭고 힘들고 어려운 거야.

그리고 아직은 시험을 걱정할 시기가 아니니까 편안한 마음으로 학습해야 할 범위를 공부해도 된단다. 모르는 내용은 확실하게 암기하고 이해하는 것이 가장 중요하다는 걸 꼭 기억하고! 중학교 3학년에서 영어 공부의 핵심 포인트는 '부담 없는 예습'이라고 생각하면 된단다. 예습하되, 어차피 여러 번 반복할 거니까 지금 모른다고 조급해하거나 당황하거나 걱정하지 말고 일단 처음에는 전반적으로 한 번 훑어본다는 생각으로 공부를 하는 것이 좋겠지?

이렇게 한 걸음씩 나아가다 보면 어느새 정상에 도달해 있을 테니까.

2-5 모의고사 점검하기

작년 고1 3월 모의고사 문제를 시간을 정해놓고 풀어보고 각 과목의 점수를 적어보세요. 그리고 틀린 문제의 유형을 파악해보세요.

존스홉킨스대학교

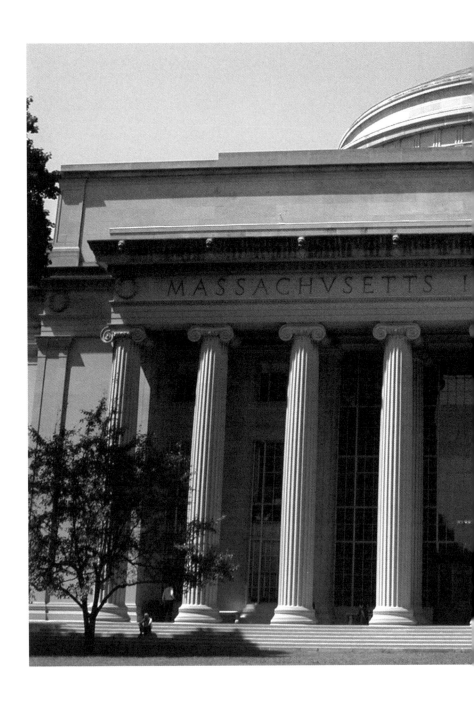

매사추세츠공과대학교

STUDY·PLAN·RESTART·TRACE

3장

고등 영어!
문해력부터

Spartan Way

모든 글은 하나의 주제로 통한다!

우리가 영어 지문을 읽을 때 첫 문장을 읽고 나서 멘붕이 오는 경우를 혹시 경험한 적이 있니? 교과서는 그나마 좀 괜찮지? 보통 이런 멘붕은 시간 제한도 있고 생전 처음 보는 지문을 겪는 '모의고사 지문'에서 많이 겪어봤을 거야. 첫 문장을 읽었는데, 해석도 되는데 무슨 말인지를 모르겠다는 거지. 그래서 그 부분에서 헤어 나오지 못하고 계속 읽다가 아래 글로 내려갔지만, 여전히 모르겠고, 그러다가 다른 문제를 풀면 당연히 온전한 상태는 아니겠지?

쫄지 마! 지금 너희가 보는 시험은 대한민국 '고등학생'들이 읽고 푸는 모의고사에 담긴 글이라는 걸 잊지 마! 다시 말해서 대한민국 '고등학생' 수준에서 이해할 수 없는 지문은 나오지 않는다는 거지. 그리고 세상의 모든 글은 '이해를 기반'으로 이루어져 있단다.

입장 바꿔 생각해보자. 네가 지금 글을 쓰고 있다고 생각해봐. 그 글의 종류가 소설이든 보고서든 뭐든 상관없이 네가 글을 지금부터 써 내려간다고 생각했을 때, 너는 어떻게 쓸 것 같니? 내가 유식하니까 나만 알 수 있게 나의 지식을 뽐내면서 엄청나게 어려운 말로 절대 알아들을 수 없도록 글을 쓸까? 아니면 내가 가진 지식을 누구나 이해할 수 있도록 쉽게 풀어서, 만약 이해 못 할 경우를 대비해서 또 다른 표현으로도 풀어서 최대한 모든 사람이 나의 글을 이해하고 받아들일 수 있게 쓸까?

아마도 후자겠지? 글이라고 하는 건 기본적으로 많은 사람에게 읽히기 위해 쓰는 거야.

그리고 그 사람들이 자기 생각에 '동의'하고 '이해'하고 '인정'할 수 있도록 최선을 다해서 '설득'하는 방법이란다.

"그래도 도저히 첫 문장이 무슨 말을 하는지 모르겠어요."라고 말하는 학생들도 있을 거야.

그럴 수 있지. 예를 들어보자.

독일의 정신분석학자이자 사회학자인 에리히 프롬(Erich Fromm)(1900~1980)은 '사랑은 누구나 할 수 있다.'라는 말을 하기 위해 책을 썼다고 가정해보자. 그의 『사랑의 기술』이라는 책 제목을 보고 사람들이 호기심이 생겨서 첫 장을 봤어. 그런데 첫 문장에 이렇게 쓰여 있는 거야.

'사랑은 누구나 할 수 있다.' 그럼 이 책에 사람들이 호기심이 갈까? 그리고 더 읽어 보고 싶은 생각을 가질까? 아마도 아니겠지? 그래서 첫 문장에서는 되도록 함축적으로 호기심을 끌 수 있도록 표현하는 거란다.

그러고 나서 위의 말이 어떤 뜻을 담고 있는지를 필자는 분명하게 설명해주지. 그래야 자기 생각을 독자들에게 효과적으로 전달할 수 있으니까.

예를 들어 『사랑의 기술』이라는 책에 이런 말이 적혀 있어.

"어떤 사람을 사랑한다는 것은 사랑할 줄 아는 힘의 실현이고 집중화

이다. 사랑에 내포된 기본적 긍정은 본질적으로 인간 성질의 구현으로서 사랑하는 사람을 지향하고 있다. 한 사람에 대한 사랑에는 인간 자체에 대한 사랑이 내포되어 있다." 곧 "예외적 개인의 향상이 아니라 보편적 현상으로서의 삶, 그러한 사랑의 믿음은 인간의 이성에 기반을 둔 합리적 판단이다." 이런 문장이 적혀 있다고 생각해보자.

무슨 말이야?

'사랑은 누구나 할 수 있다. 사랑은 인간 그 자체이다.'

정신분석에 대해 전혀 모르는 우리가 알기 쉬운 말로 바꾸면 결국은 그 말이 아닐까?

그래, 그거야. 결국 글은 보편적인 진리를 말하고 있고, 어떤 부분에서 보면 너무 뻔한 사실이라서 김이 빠질 정도란다. 하지만 이건 '글을 읽고 이해하는 힘'이 없으면 절대 추론할 수 없었을 사실이지 않니?

자, 이제 알겠니? 선생님이 앞 장에서 '문장 단위'의 학습을 '이해'할 수 있도록 먼저 하고 오라고 했던 이유를? '문장'을 이해하지 못하는 학생이 어떻게 '글'을 이해할 수 있겠니?

그리고 '글'을 이해하는 습관은 단지 영어 학습만을 위한 건 아니란다.

모든 학습에서 글을 이해하지 못하면 문제를 정확하게 풀어나가지 못하고, 학습뿐만 아니라 너희가 성인이 되어서도 글을 이해할 줄 아는 사람과 그렇지 않은 사람은 업무 능력에서도 엄청난 차이가 날 수밖에 없겠지? 글을 이해한다는 건 곧 질문의 요지를 파악하는 능력과 직결되고 그 능력은 당연히 대화의 기술에도 적용될 수 있으니까.

더 이상 설명할 필요 없지?

선생님이 이렇게 뭔가를 '해야 하는 이유'를 길게 설명하는 건 '요즘 학생들의 성향' 때문이란다. 예전에는 선생님이 학생들에게 '하세요.'라는 말 한마디만 하면 그냥 거의 다 했었어. '무슨 이유가 있겠지.' 또는 '그냥 해야지.' 또는 아무 생각이 없었을 수도 있겠네.

그런데 요즘 학생들은 달라. 왜 해야 하는지를 모르면 움직이지를 않더라고. 다시 말하면 본인에게 이해되고 인정되지 않으면 움직이지 않는 거지.

하지만 역으로 말하면 본인이 이해하고 동의하고 인정하면 정말 자율적으로 멋지게 잘 해내는 능력을 갖추고 있어. 그래서 선생님은 이제 우리 학생들에게 뭔가 과제를 주거나 학원에서 독서 습관 기르기나 주말 습관 기르기와 같은 프로젝트를 준비할 때 시작 몇 주 전부터 이 프로젝트를 선생님이 계획한 이유, 하면 좋은 학생들의 성향, 이 프로젝트로 얻을 수 있는 효과들을 학생들에게 많은 시간을 들여 설명한단다. 그리고 부모님의 의지가 아니라 반드시 본인의 의지로 결정하도록 하지. 그럼 놀랍게도 90% 이상의 학생들이 참여하고 성공률도 거의 93% 이상이었단다.

자, 이제 우리도 움직여야지?

1. 글을 읽고 쫄지 않기!

2. 첫 문장에서 멘붕이 오더라도 끝까지 집중해서 읽어가기!

3. 결국 하나의 지문은 하나의 주제를 담고 있으니 어떻게든 대입해서 읽어가기.

4. 모든 문장은 유기적으로 결합되어 있기 때문에 첫 문장이 이해가 안 될 때는 일단 적어놓고 시작하기.

5. 이후 문장은 첫 문장에 최대한 연관 지어 보기.

6. 예시가 나오면 최대한 끊지 말고 쭉~ 읽어나가기.

7. 역접이나 소재에 관한 판단이 변화할 때 새로 정리해두기.

8. 그래도 모르겠으면 글의 구조를 파악해보기.

3-1 주제 찾기

　모의고사 문제 또는 독해 문제 중 어려웠던 지문을 첫 문장부터 정리하면서 어떻게 연결되어 있는지 알아보고, 필자가 이 글을 통해 나에게 전달하려는 말은 무엇인지 나의 문장으로 다시 한 번 정리해보세요.

02

모르면 일단 적어놓고 시작해!

우리 뇌에는 한계가 있단다. 그리고 긴장할수록 더 실수할 확률이 높아질 수 있어. 그래서 선생님은 나의 머리를 믿지 말고 눈과 손을 믿으라고 이야기한단다.

그게 무슨 말일까?

일단 적어놓고 시작하라는 말이야.

"선생님, 안 그래도 시간이 없는데, 적을 시간이 어디 있어요?"

물론 수능 시험을 칠 때는 시간이 없지. 그리고 제한 시간 내에 문제를 다 풀어내려고 하면 적는 건 불가능할 거라는 생각이 들겠지? 선생님이 앞서 독해를 공부할 때 어떻게 정리하는지 가르쳐줬지? 그건 공부하는 과정에서 사용하는 방법이란다. 선생님이 아이들에게 직접 필기를 이렇게 해서 학생들 단톡에 올려 주면 학생들이 그걸 보고 필기도 하고 시험 기간일 때는 휴대전화기나 태블릿만 보면서도 공부를 할 수 있게 되지.

선생님이 해주는 수업 시간의 필기는 시험 대비가 아니라 일반 독해에서의 수업이란다. 물론, 단어 뜻을 다 적어놓은 것은 선생님이 전체 학생들을 대상으로 준비를 했기 때문에 모를 것 같은 부분이나, 조금이라도 해석이 어려울 것 같은 부분들을 아주 자세하게 정리해주지. 그래서 단어는 각자 모르는 단어만 체크하면 된다고 가르쳐주지만, 필기는 기본적으로 다 함께하게 한단다.

왜냐하면 선생님이 생각하는 영어 공부의 비법은 영어 공부는 머리 좋은 학생이 잘하는 것이 아니라 부지런한 학생이 잘하는 것이니까!

오히려 머리 좋은 학생들이 필기하는 것을 귀찮아하다가 자기 발에 자기가 걸려 넘어져서 내신이나 수능에서 1등급을 놓치는 경우가 정말 많아.

그래서 영어는 '손으로 쓰고 눈으로 확인하는 과목'이다!

이게 선생님이 내린 영어 공부법의 정의란다.

"그럼 선생님 필기를 다 똑같이 써요?"

이런 질문을 할 수 있겠네.

처음에 선생님이 너희에게 독해 지문을 분석해오라고 하면 우리 학생들은 방법을 몰라 난감해한단다. 백지 시험도 마찬가지지. 왜냐하면 하는 방법을 몰라서가 아니라 해본 적이 없기 때문이야. 그래서 처음에는 선생님이 가이드를 해주기 위해 저렇게 먼저 해주고 약 3문제 정도 분석을 해준 후 다음 과제로 나머지 3문제를 직접 분석을 하도록 해.

그러고 나서 맞춰보는 거야. 선생님이 정리한 것과 너희가 정리한 것이 어떻게 다른지를….

자, 이제 알겠니? 독해 공부를 얼마나 꼼꼼하게 해야 하는지, 그리고 정말 '공부했다, 이해했다.'라는 표현을 어떨 때 쓰는 건지…. 이렇게 꼼꼼하게 공부한 학생이 글 전체를 이해하지 못할 리 없고, 그럼 어떤 유형의 문제라도 '글을 이해한 학생'에게는 그다지 문제가 되지 않는단다.

바로 이것이 영어 공부의 비결이야!

이것이 탄탄하게 자리 잡고 나면 이 위에 문제를 푸는 방법과 스킬들이 올라가서 '1등급'이라는 작품을 만들어내는 거란다.

종종 학생들의 질문이나 요청 중에 이런 것들이 있어.

"선생님, 영어를 빨리 푸는 방법 좀 알려주세요."

"선생님, 효율적인 영어 학습법을 가르쳐주세요."

"선생님, 단어가 아무리 해도 안 외워져요."

"선생님, 문제 푸는 스킬 좀 가르쳐주세요."

혹시 이런 질문을 너희도 해본 적이 있거나 선생님에게 하고 싶은 학생들이 아마 많을 거야. 이런 질문의 바닥에는 너희가 영어를 잘하고 싶은 마음도 있겠지만 선생님 생각에는 '자꾸 편한 길을 가고 싶어서.'라는 마음이 더 많다고 생각해.

애들아, 세상에 공짜로 주어지는 것은 없단다.

그리고 내가 투자하지 않고 얻을 수 있는 것도 없어.

한 번씩 특히 고3쯤 되면 스트레스가 극에 달했을 때 이런 말들을 하는 학생들이 있단다.

"선생님, 대학은 너무 줄 세우기예요. 성적으로 차별하는 거잖아요. 성적으로 차별하는 건 너무 불공평한 것 아닌가요?"

아마 공부를 하다 하다 지쳐서 하는 투정 아닌 투정이겠지. 그리고 그런 마음이 드는 바닥에 너희가 어떤 생각을 하고 있는지, 어떤 마음에서 이런 말들이 나오는지도 선생님은 너무 잘 알고 있단다.

자, 이제 하나하나 너희의 질문들을 해결해볼까?

1. 영어를 빨리 푸는 방법을 알려주세요.

영어를 빨리 풀어내는 방법은 영어를 많이 풀어보는 것이고, 혼자 영어 문제를 풀 때 정확하게 글을 이해하고 분석하는 능력을 키우는 훈련을 계속해야 한단다. 그리고 머리로 문제를 풀지 말고 손으로 쓰고 눈으로 확인하는 연습을 해야 해.

앞의 내용에 대한 반복이지? 맞아. 그게 가장 확실한 방법이란다.

그럼 시간이 너무 많이 걸리지? 그 시간들이 모여서 너의 실력이 되고, 그 실력이 늘어나면 자연스럽게 글을 읽으면서도 정답을 찾을 수 있는 능력이 생길 거야. 그렇게 영어 문제를 풀어가는 속도가 자연스럽게 올라가면서 너의 등급도 자연스럽게 올라가는 것이 가장 perfect한 방법이란다.

2. 효율적인 영어 학습법을 가르쳐주세요.

위의 1번 질문과 일맥상통하는 질문인데, 처음부터 효율성을 추구한다면 미안하지만, 영어를 잘할 수 있는 방법은 선생님이 알기에는 없네.

효율적이라는 게 최저 비용, 최고 효과를 이야기하는 거 맞지?

하지만 공부에서는 어떠니? 최저 노력, 최고 등급…. 맞니?

가능하다고 생각해? 절대 아니지? 너희가 그냥 상식적으로 생각해도 아니잖아. 그런데 왜 그런 질문을 하니? 그냥 하기가 싫은 거잖아.

물론, 시험장에서는 극도의 효율성을 추구하며 문제를 풀어나가는 건 맞아. 하지만 그것도 결국 같은 말인데, 기본 공부가 탄탄하게 토대를 마련하고 그 공부가 어느 정도 쌓여서 나의 실력이 조금 향상되었을 때 가능한 이야기란다.

"뿌리 깊은 나무는 바람에 흔들리지 않는다."라는 말 들어본 적이 있지? 그럼 일단 뿌리를 깊이 내려야지. 성적은 바닥인데 공부하기는 싫고 등급은 잘 받고 싶니? 그건 마술사가 와도 힘들 것 같은데?

3. 단어가 아무리 해도 안 외워져요.

정말? 어떻게 해봤는데? 아무리? 얼마나?

아무리 해도 외워지지 않는 단어는 없단다.

선생님은 머리가 좋은 사람이 아니야. 기억력도 좋은 사람이 아니란다. 그런 선생님이 학생 때 atmosphere이라는 단어가 너~무 안 외워지는 거야.

그래서 그 단어를 870번을 읽으면서 써봤어.

처음에는 100번이 목표였는데 그래도 안 외워지고, 또 틀리고 또 틀려서 100번씩 늘려간 결과 870번까지 간 거란다. 그런데 그 단어를 그렇게 외웠던 기억과 그 단어의 뜻과 동의어까지 37세가 된 지금도 너무 생생하게 기억난단다. 결국 선생님이 말하는 건 하나야.

"될 때까지 해야지. 적당히 해보고 '아무리'라는 단어로 포장하려 하지 마."

4. 문제 푸는 스킬 좀 가르쳐주세요.

물론 문제 유형마다 풀어가는 방법이 있어. 그 방법은 뒷장에서 자세히 설명해줄 거란다. 하지만 누차 이야기하지만 스킬로 문제를 풀 수 있는 건 아니야.

그렇게 평가원 문제가 호락호락하지 않단다. 그렇게 스킬로만 풀 수 있는 문제를 수능으로 내지 않는다는 말이야. 문제 유형별 풀이법은 글을 이해하고 정리하는 능력이 되었을 때 활용할 수 있는 거라는 사실을 잊지 않길 바라.

5. 성적으로 차별하는 세상이 불공평해요.

음…. 요즘은 성적으로 차별하는 세상이 더더욱 아니지만, 그런데도 네가 성적으로 차별하는 세상이라고 생각을 한다면…. 다행이지 않니? 성적으로 차별을 하는 것이?

이 세상에는 언제나 차별이라는 것이 존재했어. 조선 시대에는 신분에 따른 차별이 있었지? 태어나면서부터 신분이 정해지고 그 순간 차별이 시작되는 거야. 나의 노력 여부에 상관없이. 하지만 만약 지금 성적으로 차별을 한다고 생각한다면…. 그럼 내 노력 여부에 따라 내가 좋은 상황으로 들어갈 확률도 높겠네. 태어난 것은 내가 어찌할 수 없는 거지만 성적은 내가 컨트롤할 수 있는 영역이잖아? 이렇게 생각의 방향을 바꾸면 훨씬 좋은 것들이 보인단다.

자, 선생님이 조금 독설을 했는데, 이 독설이 너희에게 충분히 자극되었으면 하는 바람으로 적어보았단다. 학원에서도 선생님이 아이들에게 독설을 많이 하는 편인데, 그때 선생님이 생각하는 건 하나야.

'자극되어 동기부여를 주되 상처가 되지 않게.'

선생님은 항상 너희에게 그런 사람이 되고 싶단다.

3-2 글 분석하기

교과서 지문이나 모의고사 지문, 영자 신문 어떤 소재든 어려웠던 글을 정확하게 적고 직독 직해 해보세요. 그리고 각 문장의 문장을 분석하고, 글의 흐름을 국어처럼 정리해보세요.

03

어휘 문제 정답의 절반 이상은 ○○○○이다

단어에 자신이 없는 학생들이 가장 두려워하는 문제 유형 중 하나가 어휘 문제란다.

어휘 문제는 왠지 단어를 많이 알아야 할 것 같고, 모르는 단어가 나올 것 같지? 하지만 그 생각은 어쩌면 너의 착각일 수 있어.

어휘 문제의 질문을 잘 읽어보렴.

"다음 글의 밑줄 친 부분 중, '문맥상' 낱말의 쓰임이 적절하지 않은 것은?"

그래, '문맥상' 적절하지 않은 어휘를 고르는 문제야.

다시 말하면 너에게 얼마나 많은 단어와 얼마나 어려운 단어를 아는지 물어본 게 아니라 '글의 흐름과 잘 어울리는 단어가 들어가 있는지' 판단하는 능력을 묻는 문제란다.

자, 그럼 우리는 뭘 알아야 할까?

그렇지! 바로 '글의 흐름'을 알아내는 거야. 또 같은 맥락이지만 그러기 위해서는 반드시 '글을 이해하는 능력'이 필요하겠지? 그래서 앞에서 선생님이 그렇게 강조한 거야. 모든 문제는 '글을 이해하는 능력'에서 출발하고 끝난단다. 이제 우리는 배우고 왔으니까 알지?

문장 단위로 먼저 이해하는 학습을 하고, 글을 이해하는 학습을 한다.

영어는 손으로 쓰고 눈으로 확인하는 과목이니 꼭 써서 확인하는 습관을 기른다.

글을 이해한다는 건 단지 번역하는 것과는 다르다.

완전히 글의 내용과 구조를 파악하고 주제를 파악하는 능력, 그리고 첫 문장이 어렵다고 흔들리지 않고 첫 문장에 최대한 대입해서 읽는 능력을 기르는 것이다.

여기까지 되었으면 이제 어휘 문제는 어떻게 풀어가야 하는지 알아보자. 어휘 문제는 어려운 어휘의 뜻을 물어보는 문제가 아니라, 글의 흐름과 맥락상 또는 글의 주제와 이 어휘가 같은 결로 가고 있는지를 물어보는 거야.

예를 들어 1번에 long이라는 단어가 들어가 있다면 문맥상 long인지 아니면 short인지를 물어보는 거지.

어휘 문제의 평가 요소를 찾아보면 아래와 같아.

이 문항은 글의 전체적인 의미나 문장 간의 의미적 관련성을 통해 어휘의 적합성을 파악하는 능력으로서, 어휘의 정확성 파악 및 지칭 추론 등을 할 수 있는 능력을 측정하는 문항이다.

이 문항은 2015 개정 교육과정 영어1과 영어2의 읽기 영역 '교수, 학습 방법 및 유의사항'의 '문맥'을 통하여 낱말의 의미와 글의 내용을 유추하도록 지도한다. '평가 방법 및 유의사항'의 '어휘에 대한 평가는 맥락 속에서 단어의 의미 이해 능력을 중심으로 평가한다.'와도 연관된다.

즉, 문장과 문장의 유기적 결합에 대한 이해도가 가장 중요한 영역이라고 할 수 있지.

어휘 문제의 핵심은 다음과 같단다.

1. 주제문에 대해서 재진술로 어떻게 내용이 잘 연결되고 있는지, 주제문을 중심으로 주제문의 반복이 어떻게 이루어지고 있는지를 끊임없이 어휘로 표현하고 있는 글에서 주로 어휘 문제가 출제되지.

2. 주제문과 관련된 내용 일치 문제와 동일하다고 생각하면 더 쉽단다. 결국 그 말은 지문 내에서 단서를 찾아야 한다는 뜻이란다.

그럼 지금부터 풀어가는 풀이 순서를 설명해줄게.

1. 보기 2번 전까지 읽고 글의 소재와 주제를 파악해야지.

보통 글의 첫 문장을 정리하며 소재와 주제를 잡는 방법은 첫 문장에서 주어는 소재가 되고 동사 뒷부분은 그 소재에 대한 설명이 되는 거야. 그리고 만약 첫 문장에서 목적어절을 이끄는 명사절 that이 존재한다면 그 속에 핵심이 있으니 that절 내부만 정리하면 된단다.

글의 위쪽에서는 논리적 흐름을 제공하기 때문에 1번까지는 정답이 될 수 없지.

2. 맥락에 어긋나는 부분을 찾아내는 거야.

30번 어휘 문제는 보통 글의 초반부에 주제와 핵심을 두게 되어 있어. 그렇게 해야 우리 아이들이 글의 핵심을 파악하고, 그 내용을 토대로 문제를 풀 수 있기 때문이지. 그러니까 우리는 어휘 문제의 핵심은 글 초반부에 있다는 것을 정확하게 인지하고, 처음 세 문장에서 지문에서 다루고 있는 소재와 주제가 무엇인지를 파악해야 해. 그렇게 파악해낸 맥락에서 벗어나는 어휘를 찾아서 정답을 찾아내는 거지.

소재 : 재료(보통은 첫 문장의 주어)
주제 : 작품에서 나타내고 싶어 하는 중심 생각

정리하면, 어휘 문제에서 우리는 첫 세 문장 안에서 작가가 어떤 것을 사용하고, 어떤 이야기를 하고 싶어 하는지에 대해 파악해야 한다는 말이지.

그러고 나서 소재와 주제를 가지고 지문을 읽어 내려가는 거야. 그래서 첫 문장을 글로 정리해놓고 가는 게 더욱더 효율적이지. 지문 안에서 핵심이 되는 주제와 소재에 대해서는 반드시 반복해서 언급하게 되어 있거든. 그러니까 지문에 등장하는 대명사와 Paraphrasing된 어휘들에 집중하면서 글을 읽으면 쉽게 글의 내용을 파악할 수 있고, 글의 논리적 흐름을 놓치지 않을 수 있단다.

아래 문제를 한번 풀어볼래?

(※ 이 문항은 수능 시험 이해를 돕기 위한 비영리적/교육적 목적으로 인용된 것임을 밝힙니다.)

[2022학년도 수능]

30. 다음 글의 밑줄 친 부분 중, 문맥상 낱말의 쓰임이 적절하지 않은 것은?

It has been suggested that "organic" methods, defined as those in which only natural products can be used as inputs, would be less damaging to the biosphere. Large—scale adoption of "organic" farming methods, however, would ① reduce yields and increase production costs for many major crops. Inorganic nitrogen supplies are ② essential for maintaining moderate to high levels of productivity for many of the non-leguminous crop species, because organic supplies of nitrogenous materials often are either limited or more expensive than inorganic nitrogen fertilizers. In addition, there are ③ benefits to the extensive use of either manure or legumes as "green manure" crops. In many cases, weed control can be very difficult or require much hand labor if chemicals cannot be used, and ④ fewer people are willing to do this work as societies become wealthier. Some methods used in "organic" farming, however, such as the sensible use of crop rotations and specific combinations of cropping and livestock enterprises, can make important ⑤ contributions to the sustainability of rural ecosystems.

1. 첫 문장 정리하기

It has been suggested that "organic" methods, defined as those in which only natural products can be used as inputs, would be less damaging to the biosphere.

첫 문장에서 that절 내부의 주어가 organic이니까 소재가 되겠지?

해석해보면 유기농 방식 →〉 생물권에 해를 덜 끼친다고 여겨졌다.(반전 예고)

그리고 그 앞에 it has been suggested가 있으니 일반적 통념을 이야기 하고 있네? 그럼 통념은 항상 반전을 품고 있다는 걸 생각하고 2번째 문 장으로 가는 거야.

두 번째 문장을 보자.

Large-scale adoption of "organic" farming methods, however, would ① reduce yields and increase production costs for many major crops.

역시 반전이 있네. 유기농의 대규모 채택이 많은 주요 작물은 산출량을 감소시키고 생산비를 증가시킨다는 부정적 서술이 나타났지? 그러니까 두 문장을 통해서 이 지문은 유기농 경작 방식에 대해 부정적인 서술을 하는 지문이라는 걸 알 수 있네.

이제 맥락에 어긋나는 어휘를 한번 찾아내보자.

보기 2번 문장을 한번 볼까?

Inorganic nitrogen supplies are ② essential for maintaining moderate to high levels of productivity for many of the non−leguminous crop species, because organic supplies of nitrogenous materials often are either limited or more expensive than inorganic nitrogen fertilizers.

무기질 질소 공급은 많은 비콩과 작물종의 생산성을 중상 수준으로 유지하는 데 필수적인데, 그것은 질소성 물질의 유기적 공급이 무기 질소 비료보다 자주 제한적이거나 더 비싸기 때문이다.

여기서 organic에 대비되는 소재인 inorganic이 등장했어. 2번 문장에서 organic에 대해 limited, more expensive로 부정적 서술을 하는 반면

inorganic에 대해서는 essential로 긍정적 서술을 했네? 이 둘을 비교하는 과정에서 정답이 나올 것 같네.

보기 3번 문장을 한번 보자.

In addition, there are ③ benefits to the extensive use of either manure or legumes as "green manure" crops.

게다가, '친환경적 거름' 작물로 거름이나 콩과 식물의 광범위한 사용에는 이점이 있다.

'게다가'라는 연결어로 문장이 이어졌으니까 같은 맥락의 진술을 해야겠지? 그런데 benefit(이점)이 있다는 것은 반드시 뒤에 inorganic(무기질)에 관한 내용이어야지? 근데 green manure이라는 친환경적 요소가 나왔네? 친환경적 요소들은 organic을 가리킨다고 하기에는 연결이 되지 않지. 그러니까 정답은 3번이 되겠네.

이걸 알맞은 어휘로 바꾸려면 benefit은 부정적 진술로 바뀌어야겠지? 아마도 constraints, restrctions 정도로 바꿔주면 좋겠네.

이처럼 어휘 문제를 풀 때는 반드시 2번 보기 앞 문장들로부터 소재와 주제를 파악하고 그에 대한 필자의 생각을 파악해주면 어렵지 않게 풀수 있을 거야.

따라서 소재와 그에 대한 저자의 생각을 생각하고 핵심 소재와 paraphrasing되어 있는 것이 어떤 것인지를 파악하며 문제를 풀어나가는 습관을 길러보자.

자, 이제 핵심을 알았니? 어휘 문제 정답의 절반 이상은 ○○○이다. 그래! 정답은 바로 '반의어'란다. 문맥상 반대되는 것을 보기로 출제하는 경우가 많지. 그럼 혹시나 헷갈릴 때 반대 어휘로 생각을 해봐. 그렇게 해서 문장이 성립하면 그게 답일 경우가 많단다.

3-3 어휘 문제 돌파하기

모의고사 문제 중 힘들거나 어려웠던 어휘 문제를 위의 방법으로 분석
하고 정리해보세요.

04

순서, 삽입! 역지사지가 답이다

이제 순서와 삽입 문제를 풀어가는 방법에 관해 설명해줄게.

글의 순서를 잡을 때 기본이 되는 것은 내용 중심으로 순서를 잡는 거야. 예를 들어 주어진 글이 있을 때 그 주어진 글이 바다에 관해 이야기한다고 해보자.

(A)는 피서지 이야기로 시작해서 교통 체증으로 끝났어.

(B)는 바다 이야기를 기반으로 피서지 이야기로 끝났고,

(C)는 교통 체증으로 시작해서 정부의 대응으로 끝났어.

자, 이제 순서를 잡아볼까?

그렇지! 정답은 (B) - (A) - (C)가 되겠지?

이렇게 순서 문제는 내용을 바탕으로 잡아 나가는 거란다. 하지만 착각하지 마. 순서 문제가 단순히 어휘의 꼬리를 잇는 끝말잇기 문제는 아니니까. 선생님이 이야기하는 건 어휘가 아니라 '글의 내용을 바탕으로' 풀어내라는 거야.

고1 정도의 수준까지는 어휘를 기반으로 어느 정도 문제가 풀렸을지도 모르지만, 고2, 고3 수능에서는 그렇게 풀 수 없는 문제들이 많아서 철저하게 '내용을 기반으로 순서를 배열해야 한다.'라는 사실을 명심하자.

두 번째 방법은 추론할 수 있는 표현을 중심으로 보는 거야. 이 표현들은 문법성이나 논리성을 기반으로 풀어나가야 한단다.

그럼 단서를 나타내는 표현에는 어떤 것들이 있는지 알아보자.

1. 대명사, 지시어

언제나 선생님이 수업 중에 입버릇처럼 말하는 것이 있어.

"대명사가 나오면 그냥 '그것'이라고 해석하고 지나가지 말고 반드시 그 명사를 넣어서 해석하는 것을 습관화해야 해."

대명사에 해당하는 명사를 찾아서 넣어서 해석하는 습관은 아주 많은 이점을 준단다.

예를 들면 a boy를 어떤 대명사로 받니? he / she / it 정답은?

그래! 당연히 he로 받아야겠지? 이때 수 일치는 철저히 해야 한다는 사실을 꼭 기억해!

여기서 조심할 점이 있단다.

첫 번째는 it / this / that이야.

이 대명사들은 단지 하나의 단어가 아니라 앞 문장 전체를 대신할 수 있는 대명사이기 때문이지.

두 번째는 those 다음에 수식어가 나오면 그때 those는 복수 명사를 받는 대명사가 아닐 수도 있어. 그냥 단순히 people이나 things 등과 같이 일반적인 명사를 일컫는 경우가 많아.

세 번째는 대명사가 반드시 앞에 나온 명사를 대신하는 것이 아니라 뒤에서 서술되는 경우도 있단다. 예를 들어 'In her class, July said~.' 이런 문장이 있다고 가정을 해보자.

이때 앞에 있는 대명사 'her'는 앞에서 말한 명사가 아니라 뒤에 있는 July를 대신 받는 명사란다.

네 번째 부사와 구분을 해야 해.

예를 들어 'He is not that smart.'라는 문장이 있다고 가정을 해보자. 이때 that은 대명사가 아니라 '그렇게'라고 해석이 되는 부사 역할을 하는 거란다.

그럼 이런 추론 표현을 한번 적용해볼까?

예를 들어 다음 문제를 한번 볼까? 2019학년도 수능 36번 문제의 일부란다. (※ 이 문항은 수능 시험 이해를 돕기 위한 비영리적/교육적 목적으로 인용된 것임을 밝힙니다.)

[36~37] 주어진 글 다음에 이어질 글의 순서로 가장 적절한 것을 고르시오.

36.

Researchers in psychology follow the scientific method to perform studies that help explain and may predict human behavior. This is a much more challenging task than studying snails or sound waves.

(A) But for all of these difficulties for psychology, the payoff of the scientific method is that the findings are replicable;…

(B) It often requires compromises, …It often requires great cleverness to conceive of measures that tap into what people are thinking without altering their thinking, called reactivity.

(C) Simply knowing they are being observed may cause people to behave differently…

*replicable: 반복 가능한

① (A) — (C) — (B)　　　② (B) — (A) — (C)

③ (B) — (C) — (A)　　　④ (C) — (A) — (B)

⑤ (C) — (B) — (A)

먼저 주어진 문장을 한번 보자.

Researchers in psychology follow the scientific method to perform studies that help explain and may predict human behavior. This is a much more challenging task than studying snails or sound waves.

이 문장에서 두 번째 문장에 있는 'this'가 가리키는 대상은 뭐니? 그렇지, 앞 문장 전체가 되겠지?

그럼 해석해보자.

심리학 연구원들은 인간의 행동을 설명하고 예측하는 것을 돕기 위한 연구를 수행하기 위해 과학적 방법을 따랐다. 이것은(이렇게 인간의 행동을 설명하고 예측하는 것을 돕기 위한 연구를 수행하기 위해 과학적 방법을 따르는 것은) 달팽이 또는 음파를 연구하는 것보다 훨씬 더 힘든 일이었다.

자, 이해가 가니? 단지 '이것'은 달팽이 또는 음파를 연구하는 것보다 훨씬 더 힘든 일이었다. 이렇게 해석하면 글이 이해될 리가 없지?

그리고 해석하고 나서 선생님이 "뭐가 더 힘든 일이었다고?" 이렇게 질문을 하면 어떠니? 다시 읽어야 하지 않아? 그렇게 되면 시간도 낭비되고 이해도 안 되고 당연히 문제도 안 풀리는 거야.

그래서 대명사는 항상 그 명사를 넣어서 해석해야 하는 거란다.

그럼 주어진 글 다음에 이어질 순서는 뭘까?

(A)에서 보면 But으로 연결되면서 these difficulties라고 나와 있지?

그럼 이러한 어려움들을 받을 수 있는 여러 가지가 나와야 하는데 없네?

(B)를 보자. 그것은 종종 타협을 요구한다고 하네?

그럼, 여기서 그것은? 심리학 연구원들이 과학적 방법을 따르는 것.

무엇에 대한 타협? 이것이 더 어려운 일이라는 것에 대한 타협이 되겠네.

(C)에서 단순히 그들이 관찰되고 있다는 사실을 아는 것만으로도~.

그럼 그들은? 만약 C가 먼저 온다면 그들은 심리학 연구원들밖에 없는데 연구원들이 관찰되는 대상은 아니네?

그럼 뭐가 먼저 와야 하니? 당연히 (B)가 먼저 오고 (B)의 마지막에 문장에 있는 people을 (C)에서 they로 받으면 되겠네. 그리고 이렇게 나열된 어려움들을 (A)에서 these difficulies로 받는 거야. 좀 더 설명해주자면 여기서 these는 앞에서 나열된 어려움에 관련된 문장들을 받는 거란다.

이렇게 대명사를 넣어서 해석하면 글이 좀 더 잘 이해되고, 논리적으로 문제를 해결할 수가 있단다. 그리고 이렇게 문제를 풀어나가면서 막연하게 풀지 말고 자기만의 정답 signal을 표시하면서 문제를 풀면 틀렸을 때도 어디에서 틀렸는지를 정확히 알 수 있단다.

2. 연결어

연결어를 통해 앞뒤 문맥의 논리성을 따져볼 수도 있지.

역접의 연결어 : 알다시피 역접의 연결어 however나 but 등의 연결어는 앞뒤 문맥의 반전을 나타내지만, 일반적으로 반전을 나타내지 않고 강조를 하는 경우도 있단다.

하지만 순서나 삽입 문제에서는 거의 무조건 '반전'이라고 생각해도 좋아.

대조의 연결어 : 예를 들어 In contrast, Instead 등과 같은 대조의 연결어는 말 그대로 앞뒤 문장의 대조를 이루지만 역접과 같진 않지. 그냥 단순히 대조를 이루는 경우도 많아.

순접의 연결어 : likewise, similarly, in the same way 등과 같은 순접의 연결어의 경우 같은 결의 이야기를 한단다. 따라서 앞뒤 유사한 내용과 구조로 되어 있지만 똑같은 내용이면 안 돼.

그밖에 such, also, another 같은 표현도 가리키는 대상을 정확히 파악해서 연결해야 논리적으로 해결할 수가 있단다.

순서 문제를 풀 때 마지막으로 유의해야 할 점이 있어.

바로 '상상 금지.'

예를 들어보자.

(A) 성적이 하락했어.

(B) 학원에 등록했어.

(C) 친구들과 놀았어.

위의 글을 순서대로 한번 나열해볼래?

그래! 거의 모든 학생이 (C) − (A) − (B) 를 했을 거야.

이것이 바로 하지 말아야 할 일인 거지!

친구들과 놀았고 그래서 성적이 하락했고, 그래서 학원에 등록했다.

지극히 상식적이지만 그럴 만한 어떤 근거도 없어.

예를 들면 이건 어떠니?

학원에 등록했는데 친구들이 있어서 놀았고 그래서 성적이 하락했어.

성적이 하락해서 스트레스 풀 겸 친구들과 놀았는데 엄마가 학원에 등록시켜서 학원에 등록했어. 친구들과 놀다가 친구가 가는 학원에 등록했는데 성적이 하락했어.

자, 이제 이해가 가니? 그러니까 절대 '예측, 상상, 추론은 금지'란다.

반드시 '글의 내용을 기반으로 문제를 풀어가기'가 필요해.

그리고 순서 문제는 철저히 직접 대입해보면서 풀어야 해.

아닌 것부터 소거하고 잘 모르겠으면 남겨놓고 생각하기!

그리고 남은 것 중에서 앞뒤를 맞춰보는 거야. 그렇게 직접 대입하면서 풀어내야 실수를 하지 않는단다. 빈칸 추론 문제 못지않게 난이도가 높아진 문제 유형이 바로 순서, 삽입 문제란다. 이제 선생님이 가르쳐준 방식으로 공부한 우리 아이들은 겁먹지 않아도 되겠네!

3-4 순서 문제 돌파하기

모의고사 문항 또는 수능 문항에서 어려웠던 문제나 틀렸던 문제를 선생님이 가르쳐준 방식으로 하나하나 단서를 찾아보고 각각 형광펜을 그으며 정답의 근거를 찾아보세요.

05

알고 보면 가장 쉬운 어법성 판단 문제

앞서 이야기했듯이 문법 문제는 수학이야. 틀려도 이유가 있고 맞아도 이유가 분명해야 한단다. 그래서 문법은 반드시 3번은 정확하게 잡고 가야 해. 우리가 문법을 배우는 이유는 단순히 어법성 판단 문제를 맞히기 위해서 이렇게 열심히 공부하는 것이 아니란다.

문법을 배우는 가장 큰 이유는 '정확한 해석법'을 위해서지!

그래서 문법을 정확히 안다는 것은 우리가 해석하는 것에 많은 도움을 받을 수가 있단다. 문법에 관한 이야기는 선생님이 앞서 중2 문법에 대한 설명에서 충분히 했으니 이제 어법성 판단 문제를 풀어가는 방법에 대해서 한번 자세히 알아보자. 어법성 판단 유형은 나오는 문제가 사실은 정해져 있단다. 그중에 2007년부터 2021학년도까지 어법 문제의 정답이 가장 높았던 3가지에 대해 알아보자.

1. 동사에 밑줄

우선 동사에 밑줄이 되어 있으면 일반동사인지 be 동사인지를 확인하고 일반동사 밑줄이라면 한 문장의 원칙을 따져보는 거야.

앞에서 설명한 한 문장의 원칙! 잊은 건 아니지?

한 문장에서 동사의 개수 : 1 + 접속사의 개수

따라서 여기가 동사 자리인지 아닌지를 판단하는 거란다.

그리고 be 동사일 때 또는 have 동사일 때는 일반적으로 주어가 엄청나게 길게 쓰여 있고 뒤쪽에 동사가 등장하면서 너에게 혼동을 주는 거야, 그땐 뭘 해야 한다?

그렇지! 문장 분석!! 그래서 수식 어구는 다 ( )로 제외하고 주어의 핵을 찾아내는 거야.

그리고 '주어와 동사의 수 일치'를 확인해야지.

마지막으로 대동사 do에 밑줄이 있다면? 아마 분명히 비교 대상이 앞에 있을 거야. 그때 비교 대상의 동사가 be 동사인지 일반 동사인지에 따라 be 동사 또는 do/does/did가 결정되는 거지.

2. 분사 밑줄

분사 중에는 현재분사에 밑줄이 되어져 있으면 동사 문제와 같은 방법이 적용된단다. 바로 한 문장의 원칙을 따지는 거지!

한 문장의 원칙이 뭐더라?

그렇지! 너희가 생각하는 그거야!!

그 문장의 주어를 찾고 '본동사'가 있는지를 따져보는 거지. 그리고 접속사의 여부도 따져보고 여기가 동사 자리인지 아닌지를 판단하는 거야. 만약 동사 자리라면 바로 그게 정답이 되는 거지.

그리고 과거분사에 밑줄이 되어 있으면 일단 과거분사인지 아니면 단순한 과거 시제인지를 알아내야 해. (혹시나 하고 간단히 설명하면 과거 시제는 동사에 해당하지만 과거분사는 형용사 역할이기 때문에 동사가 아니란다. 혹시 아직 혼동되면 앞에 '명동형부' 다시 한 번 꼭 숙지하고 오너라.) 그리고 과거 동사라면 일반적으로는 타동사가 들어오게 되는데 타동사는 동사 뒤에 꼭 '목적어'가 있어야 한단다.

과거분사는 과거분사 앞에 (being)이 생략된 수동태의 형태이기 때문에 과거분사 뒤에 바로 목적어(명사)가 오면 안 되겠지?

대신 과거분사 뒤에 '전치사'가 오게 도면 전치사의 목적어로 '명사'를 받을 수 있게 돼.

즉, 과거분사면 'V-ed + 전치사 + 명사'의 형태로 들어왔다고 하면 이 문장은 알맞은 문장 구조가 되는 거란다.

3. 관계사

선생님이 관계사에 대해서는 진짜 열심히 말할 수 있는데, 이 책에서 다 언급을 하기에는 너무 길어서 이 책에서는 딱 핵심만 알려줄게.

관계사의 대표 유형이 뭘까?

바로 [that / what]이겠지?

이 문제를 해결하는 순서를 정해보자.

첫째, that / what 문제를 보면 반드시 해석해보자!

이때 that절 이하가 앞에 있는 명사를 수식한다면 정답은 무조건 that이야.

그런데 수식하는 명사가 없다면?

그럼 that 뒷절이 완전한지 불완전한지를 따져보자.

만약 완전하다면 그때는 관계사가 아니라 접속사 that이겠지?

불완전하다면? 그럼 관계대명사 중에 유일하게 명사절을 이끄는 관계대명사 what이 정답인 거야.

사실 앞 절로 따져보는 방법도 있지만 그건 좀 위험한 방법이니 우리 정석대로 가도록 하자!

지금까지 선생님과 어법성 판단 문제에서 가장 정답으로 잘 나오는 유형 3가지를 알아봤어. 하지만 반드시 스스로 생각하고 적어보고 해결해 보아야 한단다. 반드시 기억해! 선생님의 방법을 읽은 건 너희가 아는 것이 아니고 그냥 '본 것'이란다. '본 것'이나 '들은 것'은 너희가 '아는 것'이 아니야. 직접 해보고 해결해보았을 때 비로소 '너희의 지식'이 된단다.

3-5 어법 문제 돌파하기

어렵거나 틀렸던 어법 문제를 선생님이 가르쳐준 방식으로 분석해보
세요. 반드시 각 보기의 문제가 무엇을 물어보는 문제인지 먼저 정리해
야 합니다.

06

빈칸, 간접 쓰기, 킬러 문항, 겁먹지 마!

수능에서 killer 문항들의 글은 어떤 글이니?

보통 철학이나 인문학, 사회학들의 지문이야. 이런 글들의 특징이 뭘까? 앞서 말한 것처럼 추상적이고 관념적인 이야기들이라는 거야. 그래서 어렵게 들리는 거지. 하지만 알고 보면 누구나 알고 있는 뻔한 진리를 말하고 있는 거란다.

앞에서 보았던 2011학년도 수능처럼 결국 필자가 말하고자 하는 내용은 '결과가 빠르고 쉽게 올수록 좋다.'라는 것이었잖아.

이렇게 모든 글은 보편적인 생각을 담고 있지만, 여러 가지 추상적이고 비유적이고 관념적인 표현들로 예쁘게 포장되어 있어. 그럼 우리는 그걸 적용해서 그 보편적인 진리를 뽑아내는 것이 중요한 거지.

학생들이 가장 어려워하는 유형 중의 하나가 빈칸 추론 문제지?

빈칸 추론 문제에서 중요한 사실 하나를 잊지 않았으면 좋겠어. 빈칸 추론 문제는 주제 찾기 문제가 아니라는 사실이지.

빈칸 추론 문항은 '빈칸 문장'이 요구하는 정보를 찾아내는 것이 핵심이야.

그리고 보기의 선지를 대조해보는 습관은 이제 그만 버리도록 해.

선지를 대조하다 보면 결국 답은 더욱 애매해지고 선지에 낚여서 오답을 선택하는 경우가 많거든. 그러니까 지문을 읽으면서 답을 정해놓고 내 답을 선지에서 찾아내는 습관이 필요하단다. 그러기 위해서는 글의 내용을 정확히 파악하고 이해하는 것이 우선되어야 하는 거지.

그리고 수능을 공부하는 학생들에게 기출 문제를 풀어보고 분석해보는 건 기본 중에 기본인 거 알지? 그 과정을 통해 내가 어디서 자꾸 미끄러지는지 그 지점을 정확히 파악하는 능력이 중요하단다.

최근 기출 문제들의 빈칸 유형들을 보면 3가지 정도로 분석할 수 있어.

1. 접속부사, 연결어, 시간 표현 등을 통한 역접 효과

2. 예시를 통한 정답 추론

3. 빈칸 문장 내 부정어가 있는 경우

다음 문제의 예시를 한번 볼까?

2022년 6월 고3 모의고사 33번이란다.

(※ 이 문항은 시험 이해를 돕기 위한 비영리적/교육적 목적으로 인용된 것임을 밝힙니다.)

Manufacturers design their innovation processes around the way they think the process works. The vast majority of manufacturers still think that product development and service development are always done by manufacturers, and that their job is always to find a need and fill it rather than to sometimes find and commercialize an innovation that _____. Accordingly, manufacturers have set up market-research departments to explore the needs of users in the target market, product-development groups to think up suitable products to address those needs, and so forth. The needs and prototype

---

solutions of lead users — if encountered at all — are typically rejected as outliers of no interest. Indeed, when lead users' innovations do enter a firm's product line — and they have been shown to be the actual source of many major innovations for many firms — they typically arrive with a lag and by an unusual and unsystematic route. [3점]

　　*lag: 지연

① lead users tended to overlook

② lead users have already developed

③ lead users encountered in the market

④ other firms frequently put into use

⑤ both users and firms have valued

위의 문제가 6월 9월 평가원 전체에서 오답률 1위를 기록했던 문제란다.

첫 문장에 제조업자가 나왔지?

제조업자들은 그들이 생각하기에 그 과정이 효과가 있다고 생각하는 방식에 맞춰서 혁신 과정을 설계한다. 이렇게 시작하고 있어.

그리고 빈칸 문장에서 rater than이 보이지? 정확한 표현은 아니지만, rather than은 의미상 not의 의미로 생각하면 조금 분명해진다. 그럼 그 뒤에 오는 말은 어떤 말이었어야 할까? 제조업자가 해야 할 일일까? 아니면 하지 말아야 할 일일까? 당연히 하지 말아야 할 일에 대한 설명일 거야. 그럼 결국 빈칸에서 찾아야 하는 정보는 뭐니? '제조업자가 찾거나 상업화하지 않아야 할 혁신'이 무엇인지를 찾아야겠지? 이게 답의 키워드가 되는 거야.

그럼 정답은 뭘까? 2번이지. lead users가 이미 개발한 내용이 들어가야 하는 거야.

이렇게 빈칸이 요구하는 정보를 정확하게 찾아내는 능력과 빈칸 문장의 구조를 정확히 파악하는 능력이 있어야 킬러 문항에서도 흔들리지 않을 수 있단다. 내 머릿속에서 주관식으로 풀고 그 답에 가장 가까운 보기를 선택하는 거지.

이 문제를 풀 때 정답을 찾을 수 있는 signal을 선생님이 표시해놓았으니 한번 보면서 이해해보렴.

이렇게 글의 정확한 이해를 바탕으로 문제를 풀어가는 능력을 갖추어야 수능에서 승리할 수 있고, 물론 지금 이 글을 읽는 너희도 충분히 할 수 있단다.

선생님이 할 수 있으면 너희는 당연히 할 수 있어. 선생님은 공부를 처음부터 잘하던 학생이 아니었거든^^ 그러니 어려워 말고 차근차근 잡아가 보자!

그다음으로 간접 쓰기 유형에 대해서는 앞에서 설명했던 내용이 있으니 정리를 한번 해보고 가자.

간접 쓰기 문항은 내용과 표현 중심으로 이어가야 하는 거라고 했지?

1. 내용 파악 : 간접 쓰기 문항은 독해에서 말하는 주제 찾기가 아니야. 그러니까 문장과 문장끼리의 연결에 집중해야지. 앞뒤가 같은 내용으로 연결되는지 계속 확인해야 한단다. 그리고 내 상식에 맞춰서 상상하지 말 것! 반드시 글의 내용을 바탕으로 생각하고 추론해야 한단다. 단, 문제점 제기와 해결책의 구조로 쓰인 글이라면 내용 전환이 있을 수 있단다.

2. 표현 중심 : 대명사나 지시어를 중심으로 내용을 이어가야 해. 단, 대명사의 수 일치를 정확하게 하는 것과 지시어의 지칭 대상이 명백할 때만 사용해야 한다는 거 조심해. 그리고 it, this, that은 단순한 단수 명사가 아니라 앞 문장 전체를 대신할 수 있다는 것. 그리고 접속부사의 표현도 꼭 유의해서 보도록 해. 접속부사의 경우 굳이 but, however가 아니더라도 역접을 나타낼 수 있는 표현들이 있단다. 예를 들어 yes, of course, ordinarily와 같은 표현으로 내용의 전환을 나타낼 수 있다는 것도 잊지 않길 바라.

정리하면 주어진 문장을 읽고 글 전체를 이해하려고 상식이나 상상력을 동원하지 마.

그리고 절대 연결될 수 없는 것만 소거해. 불확실하면 일단 남겨두고 확실한 것에 먼저 숫자를 적어놓는 거야. 마지막으로 확실한 것의 앞뒤로 연결해보면서 글을 연결해보는 거란다.

이렇게 하면 어떤 문제가 와도 절대 흔들리지 않고 견고한 정신력과 탄탄한 실력으로 풀어나갈 수가 있단다. 이 글을 읽고 '그렇구나~.' 하고 끝내지 말고 당장 비슷한 유형의 문제집을 들고 한번 적용해보렴. 처음에는 생각보다 쉽지 않을 거야. 누구나 처음부터 잘하는 사람은 없단다.

하지만 반복적으로 연습을 하다 보면 언젠가는 익숙해지고 잘 해낼 수

있을 거야.

3-6 빈칸 추론 돌파하기

빈칸 추론, 간접 쓰기 문항 중 어려웠던 문항을 선생님과 같은 방식으로 정리해보세요.

옥스퍼드대학교

STUDY·PLAN·RESTART·TRACE

4장

노베이스 영어
1등급 되는
4단계
스파르타 공부법

Spartan Way

절대 실패하지 않는 계획표 짜는 법!

흔히 계획을 세우지 않는 학생들의 가장 큰 이유가 뭘까?

바로 계획을 세워도 어차피 계획대로 하지 않는다는 이유가 가장 많을 거야.

계획에 대한 여러 번의 실패가 결국은 부정적인 '어차피'를 만들어낸 거지.

근데 선생님도 그랬단다. 계획을 세우는 걸 스스로 해본 적은?

아마 다이어리 새로 샀을 때? 그때 며칠 정도 하다가 내 다이어리에 대한 애정이 식으면서 나의 계획도 내 머릿속에서 점점 사라져갔지. 그리고 학교 과제나 부모님의 권유(권유라기보다 사실은 강요에 가까웠지만….;;)에 의해 또 적어봤어. 그럼 뭐해? 어차피 기상 시간부터 틀렸는데. 그러면서 결국 나의 계획표는 예쁜 보여주기식 액자가 되었지. 초등학교 시절 부모님과 선생님께 검사받기 위한 일기장을 쓰는 것처럼 말이야. 그러다가 고등학교 2학년 중반쯤이었을 거야. 해야 할 일은 많은데 아무리 해도 줄어드는 것 같지는 않고, 공부도 버거운데 선생님은 그때까지도 첼로를 배우고 있었기 때문에 악기 수업과 연습까지…. 거기에 수행평가는 왜 그렇게 많은지….

분명히 나는 열심히 하고 있는데 내가 해야 할 일은 계속 그대로인 느낌…. 그리고 날이 갈수록 점점 많아지는 느낌…. 혹시 지금 선생님과 비슷한 경험이나 생각을 하고 있지 않니?

그러면 지금부터 선생님과 절대 실패하지 않는 계획표를 한번 짜보자.

하루 계획이 아니라 일주일 계획을 하는 거야.

하루도 안 되는데 일주일을 계획하라고? 겁먹지 말고 따라와!

어차피 이 책을 읽는 학생이라면 더 이상 물러날 곳도 없고, 목표도 낮추기 싫으니 뭐라도 잡아보자는 마음으로 이 책을 잡았을 거야. 그럼 속는 셈 치고 한번 해보는 거야. 선생님은 절대 후회 없는 도전이 될 거라고 확신한단다. 물론 따라서 온다면 말이야.

일주일 계획표를 짜는 방법을 설명해줄게.

첫째, 월요일 ~ 일요일까지 고정시간을 확인한다.

둘째, 고정시간 안에서 내가 쓸 수 있는 자투리 시간을 확인한다.

셋째, 월요일 ~ 금요일까지의 공부를 계획한다.

넷째, 토요일에 나의 일주일을 점검하고 정리한다.

다섯째, 일요일은 나만의 시간을 즐긴다.

여기서 중요한 점 하나!

오늘 계획대로 하지 않아도 괜찮다!

오늘 계획을 다 채우지 못해도 괜찮다!

어차피 나의 일주일 계획표는 성공하도록 설계되어 있다!

이게 끝이야.

너무 간단해서 놀랐니? 이렇게 나의 일주일 계획표는 완성된단다.

그동안 친구들이 계획하고 실행했던 계획표의 예시를 보여줄게.

너희도 충분히 이렇게 할 수 있단다.

치맥하는 제이지

오후 4:37

오후 4:55

4-1 내 일주일 디자인하기

자기가 생각하는 나의 일주일을 to do list와 시간대별로 한번 적어보세요.

02

1단계 - 너의 시간을 확인하라!(Study)

계획을 세워야 하는 이유가 뭘까? 그냥 살아내기도 바쁜 세상에 왜 굳이 계획 짜는 시간까지 할애해야 하는지 생각해본 적이 있니?

그건 바로 '내가 생각한 대로 내 인생을 살기 위해서'란다.

내가 생각이라는 걸 해야 방향을 설정할 수 있고, 그 생각대로 내가 살 수 있어.

바다에 떠다니는 배를 한번 생각해볼래?

만약 목적지가 없이 그냥 배를 움직인다면…. 이정표도 없고, 신호등도 없고, 길도 없는 그런 바다에 목적지까지 없다면 그 배는 어떻게 될까? 상상만 해도 아찔하지 않니?

너의 미래도 마찬가지란다. 사실 각자의 인생에는 잘 닦여 있는 아스팔트길도, 이정표도, 신호등도 없어. 그건 어른들도 마찬가지. 대신 어른들은 너희보다 조금 더 일찍 살았으니, 미리 알고 있는 위험들을 알려주고, 좋은 길을 안내해줄 뿐이지. 결국 선택하고 행동하는 건 너 자신이란다. 아무리 좋다고, 아무리 나쁘다고 알려주어도 본인이 움직이지 않으면 아무 일도 일어나지 않거든.

나라는 배를 움직이는 건 결국 타인이 아니라 '나 자신'이라는 말이지.

그 누구도 나를 대신해서 배를 움직일 수가 없단다.

처음에는 주변의 선배 선장님들이 내 주변에서 방향을 알려주겠지. 예를 들면 선생님, 부모님들과 같은 분들 말이야. 그러다 어느 시점이 되면 혼자 배를 운항해야 한단다. 그러다 보면 암초도 만나고, 파도도 만나고, 길을 잃었다가 다시 찾기도 하고, 목적지를 다시 설정하기도 하지. 너무 힘들면 잠시 다른 항구에 들러서 쉬어 가기도 해. 그리고 내 배에 다른 동료를 태우기도 하고, 선원들도 생기지. 그런 과정을 통해 나의 배는 점점 커지는 거야. 하지만 이 모든 건 내가 가고자 하는 목적지를 정확히 알아야 가능한 일이란다.

목적지를 정하고 그 목적지까지 도달할 시간을 정하고, 방법을 찾아내고, 나에게 가장 안전한 항로를 선택하는 법을 배워야 나라는 배를 잘 운항할 수 있어.

내가 지금은 어떤 속도로 가고 있으며, 어느 방향을 향해 가고 있는지를 먼저 알아야 한다는 거지.

그래서 가장 중요한 단계는 내 시간을 '정확하게' 파악하는 거란다.

자, 이제 수첩도 좋고 공책도 좋고 그 어떤 것도 좋으니 나의 일주일을 기록할 노트를 하나 준비해보자.

그리고 지금부터 일주일 동안 내가 어떻게 시간을 쓰고 있는지를 알아보는 거야.

여기서 가장 중요한 점은 대략적인 시간이 아니라 정확한 시간을 적는 거란다.

예를 들어 〈7시 기상, 8시 아침 식사〉 이런 식이 아니라 〈7시 13분 기상, 7시 15분 ~ 8시 : 아침 식사, 8시 10분 : 학교 출발〉과 같이 정확하게 시간을 적어야 해.

잠깐, 여기서 영어 공부 시간을 적을 때에는 〈1시~2시: 영어 공부〉 이런 식이 아니라 〈1시~2시 : 영어 단어 30개, 4시~5시 : 영어 독해 (빈칸) 7문항〉 이런 방식으로 자세하게 적어주길 바라. 그렇게 해야 내가 한 시간 동안 단어를 몇 개를 암기할 수 있는지, 독해 문제는 유형에 따라 몇 문제를 풀고 있는지 정확하게 파악할 수 있단다.

이렇게 정확하게 시간을 적기 위해서는 계속 머릿속으로 생각을 해야 하겠지?

내가 '시간'을 기록해야 한다고 생각하면서 무의식적으로 나는 시간을 잘 활용하기 위해 노력하게 될 거야. 그냥 평소에 행동할 때와 누군가가 나를 지켜보고 있다고 생각하고 행동할 때 같은 행동을 하는 사람은 거의 없거든. 이게 바로 준비 과정의 일부가 되는 거란다.

"어떻게 그렇게 자세하게 다 기억해요?"

요즘은 스마트폰이 너무 잘되어 있지? 선생님이 권하는 방식은 '타임

스탬프'를 활용하는 거란다. 어떤 행동을 시작할 때와 끝날 때 사진을 찍어두는 거야. 그냥 특정 물건도 좋고 아무 때나 찍는 거지. 어차피 나만 볼 거니까. 그리고 나서 집에서 나의 시간을 정리할 때 타임스탬프를 활용하면 시간이 나온단다. 그럼 내가 언제 무슨 일을 했고, 어떤 시간이 비는지를 기록하기가 쉬워지지. 그리고 나면 분명히 중간에 활용할 수 있는 시간이 생긴단다. 어쩌면 그 시간의 합을 세어보면 너는 깜짝 놀랄지도 몰라. 선생님도 그랬고, 먼저 해보았던 친구들도 그랬으니까. 물론 학교와 학원처럼 항상 고정되어 있어서 내가 활용할 수 없는 시간이 너무 많다고 생각할 수도 있겠지. 하지만 생각해보렴. 정말 그 속에서 내가 활용할 수 있는 시간이 하나도 없을까? 학교에서 쉬는 시간은? 자습 시간을 주는 시간은? 점심시간은? 이런 자투리 시간을 적극적으로 활용하면 아마 이 시간도 꽤 많은 시간이 될 거야.

나의 하루를 기록하면서 내가 영어 단어를 외우는 시간을 정확하게 기록해보세요.

예를 들면 1시간에 단어 30개 암기 또는 2시간에 50개 암기 이런 식으로 목표가 아니라 실제 자신이 외웠던 개수를 정확하게 파악해두세요. 그래야 계획 단계에서 자신의 단어 암기 목표량을 정할 수 있답니다. 그리고 독해 문제, 문법 문제도 시간당 풀 수 있는 문항 수를 정확히 기록해보세요.

힙합맨 제이지

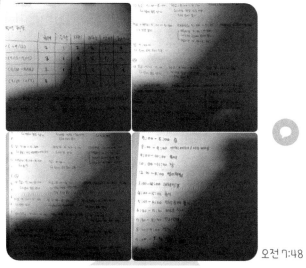

오전 7:48

라이언 붕붕카를 탄 무지

4-2 너 자신을 알라

나의 하루를 기록해보세요.

오늘 내가 해야 할 일 (TO DO LIST)

시작 시간~마친 시간	내가 한 일	만족도(상, 중, 하)

총 공부 시간	
영어 단어 암기 시간 (개수)	
총 남는 시간	
줄일 수 있는 시간	
늘려야 하는 시간	
수면 시간	

03

2단계 - 150%를 계획하기(Plan)

나의 매일을 일주일 동안 기록해보니 어땠어? 일주일 동안은 아무것도 하지 않고 단지 나의 하루를 기록해보라는 미션만 주었는데 아마 대부분 학생은 시간을 점점 잘 활용하기 위해 노력했을 거야. 그런 거란다. 내가 '생각을 한다는 것'은 그 자체만으로도 나를 변화시킬 힘을 가지고 있는 거야. 그래서 우리는 '사는 대로 생각하는 사람'이 아니라 '내가 생각하고 디자인하는 대로 살아가는 인생'을 설계해야 하는 거란다.

자, 이제 본격적으로 나의 인생 설계를 시작해보자.

먼저 한 달 동안 내가 이루고 싶은 나의 목표를 적어보는 거야. '한 달 후 내가 이것 하나만큼은 반드시 바꾸겠다!'라고 결심한 내용을 적어보자. 한 달을 4주로 계산해서 4주 동안 내가 바꾸고 싶은 부분을 개선하기 위해 오늘 당장 무엇을 해야 하는지를 적어보자.

그리고 내가 한 달 동안 이루고 싶은 목표, 바꾸고 싶은 모습을 이루기 위해서 일주일 단위로 무조건 실천해야 할 단기 목표를 적어보자.

그리고 나의 하루를 계획해보는 거야.

여기서 중요한 점은 나의 계획은 내가 생각했을 때의 나의 능력보다 150%를 계획하는 거란다. 이건 단지 해야 할 일들의 개수를 늘리라고 하는 것이 아니야. 여기서 150%라는 것의 의미는 바로 '시간'이란다.

만약 내가 한 시간 동안 100개의 단어를 외울 수 있다고 생각한다면 150개를 목표로 잡는 거지. 그리고 '무조건' 외우고 말겠다는 다짐을 하는 거야. 어떻게든! 무슨 일이 있어도!

시간 제한이나 마감 기한은 항상 사람에게 압박을 가져온난다. 또 다른 말로 하면 스트레스가 될 수도 있겠네. 하지만 선생님은 너희가 꼭 하나만 기억해주었으면 좋겠어.

그건 바로 '압박이 없으면 치열함은 나오지 않는다.'라는 사실이란다.

특정 시간까지 꼭 해야만 하는 압박이 없다면 내가 지금 당장 치열하게 공부를 해야 할 이유도 없는 거지. '언젠가' 하면 되는 일은 '언제라도 절대 이루어지지 않는 법이란다.'

내가 나를 훈련시키는 거야. 더 이상 타인에 의해 움직이는 내가 아닌 나 자신에 의해 움직이는 내가 되는 거지.

이게 바로 선생님의 스파르타식 방법이란다.

선생님이 한번은 학생들에게 이런 질문을 해보았단다.

'스파르타'라는 단어를 들으면 어떤 말이 떠오르니?

돌아오는 대답은 '강제성', '압박', '부담감', '무서움', '강압적' 이런 단어들이었어.

왜냐하면 선생님이 운영하는 학원이 '스파르타식 교육'이라는 콘셉트거든.

그래서 주변에서는 선생님 학원의 이름을 들어본 학생들은 그 학원은 너무 '빡세다.'라고 이야기를 한다. 그래서 겁을 먹고 들어오지 않는 친구들도 많아. 하지만 괜찮아. '스파르타식 교육'이라는 말과 '빡세다'라는 말에 들어올 엄두조차도 내지 않는 학생이라면 변화를 원하지도, 절실하지도 않은 학생일 가능성이 크니까….

선생님은 원래 잘하는 학생보다 선생님과 함께 성장하며 잘해나가는 학생을 키워내고 싶거든.

그럼 선생님이 말하는 '스파르타식 방법'은 다른 의미일까?

아니야. 너희가 떠올린 그 단어들을 의미하는 게 맞아. 하지만 주체가 다른 거야.

'강제성', '압박', '부담감'. '무서움', '강압적'으로 몰아붙이는 대상이 선생님이나 부모님이 아닌 '내'가 되는 거지. 나와의 약속을 지키는 것, 나의 계획표, 나의 목표가 나를 압박하고 몰아붙이는 거야. 그래서 보상을 주는 사람도 '나 자신'이고 벌을 주는 사람도 '나 자신'이 되는 거야. 정말 끔찍하지 않니? 나 스스로 벌을 준다는 게…. 그 벌은 더한 독기가 되어 다음 주에 너를 더 몰아붙이게 될 거야. 왜냐하면 멘탈은 결국 나와 경쟁하는 것이니까.

세상에서 가장 말을 내 말을 듣지 않는 사람이 누굴까?

바로 나 자신이란다.

내가 내 말을 제일 안 들어. 그래서 내가 말하고 내가 이루는 것을 기적이라고 한단다.

생각을 해보렴.

어른들은 걱정이 있거나 불안할 때 누구를 가장 많이 찾아갈까?

그 시대가 힘들 때 가장 장사가 잘되는 곳이 바로 무속인 가게라는 말이 있단다.

그리고 그 무속인이 무엇인가를 예언했을 때 정말 그대로 이루어지면 '용하다.'라는 표현을 쓰고, 정말 이루어지지 않을 일이 이루어졌을 때 '기적이 이루어졌다.'라는 말을 하지.

그렇게 용한 무속인이 아니라, 평범한 내가 한 말이 이루어진다면, 그건 세상에서 가장 큰 기적이 아닐까? 그리고 그 예언은 다른 사람이 아니라 내가 하는 거야. 하나뿐인 나의 인생에 내가 예언하고 내가 이루어 내는 기적을 매일 경험하는 삶이야말로 가장 찬란한 인생이 아닐까? 그리고 그 예언이 바로 나의 계획이고, 실행이 바로 기적이 되는 것이란다.

그래서 계획을 150%로 하는 거야. 이루어질 것 같지 않은 일이니까.

이건 비밀인데…. 아마 이 책을 읽고 실행하는 학생들의 90%는 기적을 이룰 거야. 선생님은 알고 있단다. 이 책을 구매해서 여기까지 읽어 온 네가 얼마나 절실한지. 절실함과 결핍은 사람을 움직이는 가장 큰 원동력이니까….

이제까지 옆에 친구들을 보면서 자신을 스스로 비교했다면 이제 그 행동은 그만!

너 자신을 보렴. 어제의 너와 오늘의 너를 비교하고 내일의 너를 기대하는 인생을 살게 될 테니까. 진짜 성장하는 사람은 옆을 보지 않고 앞을 보는 법이란다.

자기 자신에게 집중하느라 남들을 볼 틈이 없는 거지.

자, 이제 나 스스로 예언을 해보자.

앞서 내가 점검한 내 시간 중 20분 이하의 자투리 시간에는 내가 외워야 하는 단어 중 20개 이상을 입으로 100번 말하기. 사진을 찍어서 가지고 있어도 좋고 종이에 적어도 가지고 있어도 좋아. 그냥 계속 이야기하는 거야. 여기서 자투리 시간이란 말을 할 수 있는 모든 시간을 의미한단다. 예를 들어 샤워하는 시간, 이동하는 시간, 학교 중간에 쉬는 시간 등 모든 시간에 내가 정한 오늘의 목표 단어의 개수 중 20개를 100번 말하기! 꼭 기억하렴.

4-3 너의 욕망을 정확히 인지하라!

1. 한 달 동안 이루고 싶은 일 / 갖고 싶은 것을 적어보세요.

2. 한 달 후 꼭 바꾸고 싶은 나의 모습을 적어보세요.

3. 한 달 동안 이루고 싶은 일 / 갖고 싶은 것 / 바꾸고 싶은 내 모습을 이루기 위해 주차별 목표를 적어보세요.(단기 목표 설정)

1주 차 :

2주 차:

3주 차 :

4주 차 :

4. 각 주차별 목표를 이루기 위해 오늘 당장 내가 해야 하는 일을 적어 보세요.

5. 그리고 내 생활을 기반으로 가장 바꾸고 싶은 내용부터 작성하며 다시 한번 내가 꿈꾸는 가장 이상적인 일주일을 요일별, 시간대별로 계획 해보세요. 단, 월요일부터 금요일까지만 계획하세요.

04

3단계 - 10배의 실행력을 발휘하라(Restart)

내가 생각하는 150%를 예언했다면 이제 본격적으로 기적을 이루어 갈 단계란다.

물론 첫날에 의욕이 불타서 완벽하게 될 수도 있지만 그렇지 않을 확률이 더 클 거야. 왜냐하면 사람은 원래 어제 했던 행동을 하는 것이 익숙하기 때문에 잘 변화하지 않으려고 하거든. 어제 하지 않은 일을 오늘 하게 된다면 그것 또한 기적이라는 말이 있단디.

그러니 어제 하지 않았던 공부, 집중, 몰입을 하는 일이 하루아침에 이루어지는 건 아니지. 하지만 실망하지 마. 나의 목표는 지금 당장 전교 1

등도 아니고, 1등급도 아니고, 어제의 나보다 더 발전하는 거니까. 이렇게 하루를 계획하고 실천해나간 것으로도 충분히 너는 기적을 시작하고 있는 거란다.

여기서 이제 선생님이 앞서 이야기했던 '노력'이라는 것을 쏟을 단계란다. 우리는 겨우 한두 시간 공부한 것, 또는 하루 이틀 공부한 것을 가지고 '노력'이라는 단어를 사용하지 않아. '노력했다'라는 말은 세상에서 가장 아름답고 당당한 말이니까.

오랫동안 내가 가진 능력을 다 쏟아부었다는 말이잖아.
우리가 지금 그걸 해보는 거야. 내가 적어 놓은 계획표는 언제 어디서든 내 손안에 있어야 한단다. 그리고 그 계획표를 보면서 공부를 시작할 때 자기 암시를 걸어보렴.
'무조건, 이 시간 안에 완료한다.'

그리고 끝나는 시간에 맞춰 알람을 설정해놓고 휴대전화기는 뒤집어 놓거나 내 눈에 보이지 않는 곳에 두고 미친 듯이 몰입하는 거야.
그리고 알람이 울리면 결과에 상관없이 끝내는 거지.

목표를 이루었다면 축하해!

하지만 만약 내가 계획한 대로 되지 않았다고 하더라도 괜찮아. 그리고 내일은 또 내일의 계획대로 가는 거지.

예를 들면 오늘의 목표에 영어 독해 문제집 10쪽~20쪽까지, 내일의 목표에 21쪽~30쪽까지 되어 있다고 가정을 해보자.

그런데 열심히 했지만 내가 정한 시간 안에 10쪽~16쪽까지밖에 못했어. 그런데도 내일은 21쪽부터 하는 거야. 대신 내가 풀지 못한 17쪽~20쪽까지의 문제는 포스트잇으로 표시를 해두는 거지. 여기서 주의해야 할 점은 절대 다음 시간을 침범해서는 안 된다는 거야. 기억하렴. '정해진 시간'이 더 중요하다는 걸.

만약 그다음 시간에 '휴식'이니까 좀 더 문제를 풀어도 된다고 생각한다면 지금 당장 그 생각을 접어주었으면 해. 그게 약속이야! '시간의 압박', 그리고 절대 타협하지 않는 '강제성', 내가 통제하는 나만의 스파르타 학습법의 원칙이란다.

영어뿐만 아니라 모든 과목, 모든 행동에 해당한다는 걸 꼭 기억하렴.

국어도 수학도 게임도….

내가 정한 시간 안에 내가 할 수 있는 최대한을 쏟아부어서 나를 밀어붙이는 거란다.

그렇게 시간의 압박은 나를 성장시키는 가장 긍정적인 스트레스이자 원동력이 될 거고, 하루가 끝났을 때 나는 이제까지 느껴보지 못한 꽉 채워진 내 하루의 뿌듯함과 충만함을 느낄 수 있을 테니까…. 그럼 못 한 부분은 어떻게 할까? 그건 다음 단계에서 자세히 설명해줄 테니까 걱정하지 마.

어쨌든 가장 우선적인 목표는 '내가 정한 시간'에 끝내는 것이라는 걸 꼭 명심해야 해!

그리고 계획과 실행은 꼭 같이 기록을 해야 한단다. 그래야 다음 주를 계획할 때 나의 능력을 가늠해서 그 성장한 능력의 150%를 계획할 수 있단다.

매일 자투리 시간에 20개 이상의 단어를 100번씩 말하기를 하고 있다면, 몰입하는 영어 공부 시간 중 마지막 30분은 반드시 백지 시험으로 마무리하세요!

독해의 경우 풀었던 문제의 주제문과 해석이 잘되지 않았던 문장을 형광펜 또는 파란색 펜으로 표시한 후 직접 노트에 적고 직독 직해를 해보세요. 그리고 직독 직해를 보고 다시 영작해보는 시험을 정확하게 100%가 될 때까지 하는 겁니다.

문법의 경우 공부했던 내용을 제목만 적고(처음에 너무 힘들 경우 자신만의 방식으로 문제를 만드셔도 됩니다.) 내가 공부했던 개념을 쭉 적고 나서 교재를 보고 빠진 내용이나 틀린 내용을 채점하세요. 그리고 다시 틀린 내용이 다 맞을 때까지 시험을 쳐서 머릿속에 있는 내용을 수정하고 확인하는 단계가 필요합니다.

사진 문제집 출처 : 천일문 essential

4-4 너의 능력을 시험하라

매일 내가 계획한 내용을 성공한 것들의 목록과 그때의 감정을 적어보세요. 감정과 정서는 공부에 아주 많은 영향을 미칠 수 있답니다.

05

4단계 - 주말은 점검과 보상을 위해!(Trace)

이렇게 월요일부터 금요일까지 자신에게 꼭 찬 충만함으로 가득한 한 주를 보냈다면 아마 너희의 생각이 많이 달라졌을 거야. 그리고 이 일주일이 이제까지 너희가 공허함과 허무함, 왠지 모를 허전함으로 보낸 모든 시간보다 훨씬 더 많은 성장을 주었을 거라고 선생님은 확신한단다.

자, 드디어 토요일이 되었지? 토요일과 일요일에는 계획을 잡지 않기로 했어. 그렇지?

그럼 토요일 아침에 가장 먼저 해야 할 일은 지난 일주일을 점검하는 것이란다. 아마 과목별로 포스트잇이 많이 붙어 있을 거야. 그 포스트잇을 하나씩 떼어가는 일을 하는 거지. 이게 나에게 주는 벌이란다. 월요일부터 금요일까지 완벽하게 내가 해야 할 분량을 다 했다면? 그럼 토요일과 일요일은 너희가 하고 싶은 대로 하렴. 계획을 세울 필요도 없고, 의식의 흐름대로 하면 된단다.

자고 싶으면 온종일 자도 되고, 드라마를 정주행해도 되고, 게임을 해도 되지.

"선생님, 하루도 아니고 이틀이나요?"

그럼! 당연히 그럴 자격이 있단다.

이제까지 해본 적 없는 노력으로 누구의 강압도 없이 스스로와의 약속을 지키기 위해 내가 나를 트레이닝하는 혹독한 과정을 그것도 150%의 목표를 이루어낸 너희는 당연히 그걸 누릴 자격이 있지.

그런데 만약 주중에 못 한 일들이 너무 많다면?

그럼 그 일들을 처리하는 계획을 다시 세워야겠지!

일단 남은 분량들을 과목별로 쭉 정리해봐.

그리고 이 또한 시간대별로 넣는 거야. 만약 토요일에 완료가 된다면 일요일은 나의 보상이 되는 날이고, 너무 많다면 일요일까지의 계획을 해야겠지. 그리고 역시 같은 방법으로 해내는 거야. 그렇게 되면 내가 계획한 나의 150%의 계획은 모두 완료가 된단다.

그리고 나는 내 능력의 150%를 해내고 나의 예언을 이루어낸 기적을 이룬 사람이라고 자신을 마음껏 칭찬해주렴.

이렇게 4번이 지나면 너희는 한 달 동안 엄청난 성장을 하게 될 거란다. 그리고 의지가 약해질 때마다 기억하렴.

내가 무엇을 원하는지, 그리고 나의 결핍이 무엇인지를….

지금 결핍을 해결하지 못하면 성인이 되어서도 해결할 수가 없단다.

지금 내가 성장하지 못하면 그 모습 그대로 몸만 성장하는 거야.

잘 생각해보렴. 지금의 네 모습 그대로가 정말 만족스러운지.

이 모습 그대로 미래의 너의 자녀에게 당당히 보여줄 수 있는지.

그게 아니라면 지금 움직여야지!

행동하지 않으면 아무 일도 일어나지 않지만, 하루에 한 번만 행동을 하면 그게 너의 인생을 바꿀 수 있는 엄청난 결과를 이끌어온단다.

꼭 기억해줄래?

비참한 오늘을 살지 않는 유일한 방법은 미래를 사는 거야.

미래의 내 모습을 상상하며, 오늘의 나를 키워가는 거란다.

공부 = 미래를 사는 것

이건 그 누가 뭐래도 절대 배신하지 않는 삶의 공식이니 지금 당장 움직이고 행동하고 변화해서 공허한 하루가 아닌 뿌듯함으로 충만한 하루를 살아내는 네가 되길 바라.

★ 노베이스 영어 1등급 꿀팁!

1. 주말에는 주중에 외웠던 단어들을 스스로 테스트를 다시 해보자.
2. 일주일 동안 공부했던 문법을 다시 백지 시험을 쳐보는 거야.
3. 일주일 동안 공부했던 문법 문제집의 범위를 보면서 대충 훑어봐. 그리고 그 안에 모르는 단어가 있다면 다시 그 자리에서 수첩이나 노트에 정리해서 다음 주 외워야 할 단어에 추가하고 자투리 시간마다 입으로 말하기를 꼭 실천하렴.
4. 만약 시험 기간이라면 단어 대신 중요한 문장, 어려운 문장들을 자투리 시간을 활용하여 30번씩 말하기!
5. 일주일 동안 내가 공부한 영어 범위에 해당하는 커닝페이퍼를 만들어보다.

여기서 커닝페이퍼의 의미는?

내가 공부한 범위가 시험 출제 범위라고 생각을 해봐. 그래서 네가 커닝페이퍼 한 장을 들고 시험장에 들어갈 거야. 그럼 그 속에 너는 어떤 내용을 적어서 들어가겠니? 외우지 못한 문장들, 완전히 이해하지 못한 문법 내용을 적어가겠지?

바로 그거란다!

그 핵심 of 핵심 내용을 단 한 장의 종이에 요약 · 정리하는 거지.

그럼 이걸 통해 내가 무엇을 모르는지도 알 수 있을 뿐만 아니라 가장 핵심을 뽑아내서 정리할 수 있는 거야. 이 커닝페이퍼 정리법은 시험 기간에 엄청난 힘을 발휘한단다.

4-4 너의 공부를 완성하라

나만의 커닝페이퍼를 만들어보세요.

퍼듀대학교

STUDY·PLAN·RESTART·TRACE

5장

입시와 영어,
그리고
우리들의 이야기

Spartan Way

영어 공부만 하라는 무리한 부탁, 하지 않을게

있잖아…. 선생님은 너희에게 영어 공부에 올인하라는 말을 하기 위해 이 책을 쓴 게 아니란다. 선생님이 운영하는 학원에 학부모님이나 학생들이 상담을 올 때 선생님이 꼭 하는 말이 있어.

"여기는 영어학원입니다. 당연히 영어를 최선을 다해 가르치고, 영어 성적을 올릴 수 있게 도와주는 곳입니다. 하지만 지의 경영 목표는 우리 아이들 모두 영어 1등급이라고 자랑하고 싶은 것은 아닙니다. 저는 저희 아이들이 원하는 대학에 가고, 원하는 꿈을 이룰 수 있게 도와주고 그 꿈을 이룬 아이들을 자랑하고 싶은 학원입니다."

좀 특이하지? 이게 선생님이 17년 동안 우리 학생들을 가르치며 품었던 꿈이고, 선생님은 그 꿈을 실현하기 위해 매일 배우고, 공부하고, 연구한단다.

그래서 입시 컨설팅, 진로 진학, 학습 설계사뿐만 아니라 청소년 심리 상담사 자격증까지 보유하고 있어. 왜냐하면 요즘은 마음이 아픈 아이들이 너무나 많거든.

차라리 몸이 아프면 티가 나니까 치료라도 받을 텐데, 마음이 아프면….

일단 먼저 숨기게 되고, 용기를 내서 말을 하려고 해도 사실 어떻게 표현해야 할지 막막하지. 그리고 큰 용기를 내서 말을 하더라도 돌아오는 반응이 차가워서 다시 숨기게 되는 학생들이 정말 많다는 걸 선생님은 너무 잘 알고 있단다.

그렇게 차가운 반응으로 숨겼던 상처들을 너무 감사하게도 선생님에게는 마음을 열고 이야기를 해주는 친구들이 많으니까….

그래서 '청소년 심리 상담사' 공부를 하며 우리 학생들에게 더 많은 도움을 줄 수 있는 방법을 찾고 있단다.

선생님은 대한민국 영어 1타 강사도 아니고, 최고의 영어 강사도 아니란다.

단지, 선생님이 가장 자신 있는 건, 이 세상 그 어떤 선생님보다 우리 아이들에게 진심이라는 거야. 사실 사교육에서 강사라는 직업을 오랫동안 유지하고, 평생 직업이자 꿈으로 삼고 살아간다는 건, 그리 쉬운 일이 아니란다. 그리고 선생님은 싫고 힘든 일을 꾹 참고 이렇게 오랜 세월 동안 한길을 걸어올 만큼 훌륭한 사람도 아니야. 그런데도 선생님이 이 길을 걸어갈 수 있었고, 이 직업을 천직으로 여길 수 있었던 단 하나의 이유가 있단다.

선생님은 우리 학생들이 너무 좋으니까….

그래서 선생님은 개인적으로 좋지 않은 일이 있거나 아무리 힘든 일이 있어도 아이들을 보면 기분이 좋아지고, 수업하며 서로 소통하는 과정에서 내가 걱정했던 일을 잊어버리게 된단다. 그러니 선생님의 삶은 워라밸 따위는 없지. 삶이 곧 일이고, 일이 곧 선생님의 삶이란다.

선생님은 너희도 선생님처럼 일을 행복으로 느끼며 살아갈 수 있는 아이들이 되길 바라. 그리고 그 꿈을 찾고 이루기 위해 자신의 하루하루를 아주 충만한 마음으로 보내면서 자신을 스스로 성장시키길 간절히 원한단다.

그 과정에서 공부가 있는 거고, 대학이 있는 거지, 대학을 위해 너희가 존재하는 건 아니야.

선생님이 아주 간곡하게 부탁할 한 가지가 있어.

반드시 하루에 1시간은 꼭 독서 시간을 가지렴. 이건 영어 선생님이 너희에게 하는 말이 아니라 너희보다 인생을 먼저 살아본 선배로서 하는 간곡한 부탁이란다.

국어, 영어, 수학…. 물론 너무너무 중요하지. 하지만 그 무엇보다 중요한 건 너희 마음의 성장이란다. 그 성장을 도와줄 최고의 도구가 바로 '책을 읽는 습관'이란다.

그 습관을 이루어주기 위해 선생님은 강사 시절부터 공부방 원장, 그리고 지금 학원의 원장까지 여러 가지 방법을 적용해서 아이들에게 습관 키우기 연습을 하고 있단다.

그 방법 중에 지금까지 유지하고 있는 방법이 있어.

바로 '앞서가는 10대를 위한 북클럽'이란다. 이 모임은 독서 시간과 분량을 정해서 정해진 시간에 정해진 양의 독서를 하고 미션을 완료하면 ZOOM에서 나가는 것이란다. 시간은 좀 극단적이야. 오전 8시(방학 기간이니까 가능하단다)부터 9시에 책을 읽는 오전반과 오후 11시~12시에 책을 읽는 오후반으로 나누어 진행하고 있지.

그런데 가장 재미있는 사실이 있어. 처음에는 선생님이 같이하자고 하니까 아마 반강제로 시작한 아이들이 대다수였을 텐데 한 달이 채 되지 않아 바뀌고 있었단다. 묻지도 않았는데 "책이 너무 재미있어요, 선생님, 북클럽 하길 너무 잘한 것 같아요. 발제 독서를 처음 해 봤는데 너무 설레고 떨렸어요." 이런 반응이 오는 거야. 그런 문자를 보낸 아이들은 바로 고등학생들이었단다.

그때 선생님은 다시 한 번 깨달았지.

아이들은 방법을 가르쳐주면 무조건 변화하는구나.

자, 그러니 이제 독서는 무조건 하루 1시간씩, 목표를 정해서 해나가는 거야. 어쩌면 영어 공부보다도 더 우선되어야 할 일이란다.

자신이 읽을 책 목록을 정할 때 5권 중 1권은 좀 더 시간을 넉넉히 가지고 영어 원서를 읽어 보아도 너무 좋아요.

02

하고 싶은 일 vs 해야 하는 일 vs 할 수 있는 일
vs 잘하는 일

우리 학생들뿐만 아니라 어른들도 한 번씩 질문하는 공통적인 부분이 있단다.

내가 하고 싶은 일과 해야 하는 일, 할 수 있는 일과 잘하는 일 중에 어떤 것을 선택해야 할까?

여기서 '선택'의 기준은 아마도 직업이 되겠지?

선생님이 권하는 건 '잘하는 일'이란다.

왜냐하면 하고 싶은 일은 내가 언제든지 할 수 있고, 할 수 있는 일은 나뿐만 아니라 다른 누군가가 더 잘할 수 있거든. 그리고 해야 하는 일은 성장해가는 과정에서 매번 바뀌기는 삶의 과정과 같단다.

그런데 내가 잘하는 일은 재능이 있을 뿐만 아니라 내가 그 일을 잘한다는 것을 인식하는 순간 좋아할 가능성이 커지거든.

어떤 특정한 일을 잘하고, 그 일을 좋아하게 되면 더 공부하게 되고 파고들게 되고, 결국은 전문가가 될 수 있는 거지. 그러니 직업으로 선택하기에 이보다 좋은 일이 어디 있겠니?

그런데 모든 일은 양날의 검을 가지고 있단다.

어떤 일이 너무 좋아서 그 일을 직업으로 삼기 위한 과정은 반드시 하기 싫은 일을 동반하는 법이지.

대표적으로 선생님을 예를 들어 설명해줄게.

선생님은 앞서 말했듯 아이들을 가르치고 함께 공부하고 성장하는 것이 너무 좋고, 그래서 이 일이 선생님에게는 천직이라고 이야기를 했지? 그러면서도 몇 번의 위기가 있었어. '이직하고 싶다. 다른 직업을 가지면 어떨까? 이 일을 하기 싫다.' 그런 순간이 꼭 온다.

아무리 사랑하는 사람이라도 싫을 때가 있는 것처럼 말이야. 일명 권태기라고 하지?

일도 그렇단다. 그래서 선생님도 중간에 다른 직업을 알아보기도 하고, 찾아보기도 했어. 요즘 시대에 한 가지 직업으로 평생 사는 것도 아니라는 핑계를 대면서….

그런데 결론은…. 나에게 이보다 더 적합한 직업은 없다는 것이었단다. 그렇게 이 직업에 대한 의심은 확신으로 바뀌게 되었고, 지금도 이 일을 하고 있지. 하지만 선생님은 아이들과 소통하고 성장하는 걸 좋아하는 것이지 그에 수반되는 준비 과정의 일을 좋아하는 게 아니란다.

첫째로 공부하는 건 선생님도 싫단다.

하지만 해야 하니까 하는 거야. 가장 중요한 건 나를 위해서 그만큼 더 중요한 건 내가 좋아하는 직업을 계속하기 위해서는 공부를 해야 하니까. 내가 좋아하는 아이들을 가르치고 그 아이들과 소통하고 함께 성장하기 위해서는 공부라는 도구가 필요하니까 어쩔 수 없이 하는 거야. 성적 향상을 위해 학교 시험지를 분석하고, 예상 문제를 만들어내고, 수능과 모의고사 문제를 더 쉽게 풀이해줄 방법을 연구하는 거지.

그리고 우리 아이들의 걱정과 고민, 마음의 병을 알게 되면서 내가 해결해줄 수 있는 방법을 찾기 위해 심리학을 공부하고 청소년 심리와 상담에 관한 책을 수십 권을 찾아보면서 어떻게든 도움이 되기 위해 노력한단다.

또, 영어만 잘해서 되는 것이 아니라는 생각에 학습법을 연구하고 선생님이 없는 시간에 시간을 활용할 수 있는 계획표를 짜는 법을 연구하고 찾아보고 적용해보면서 수정도 한단다.

둘째로 선생님은 디지털 바보였단다.

컴퓨터라고는 한글 파일에 글 넣고 표 넣는 정도밖에 할 수 없었던 사람이지. 새로운 어떤 것을 누르는 걸 극도로 무서워하고 뭔가 기본 설정이 잘못되어 있으면 어쩔 줄 몰라 하는 전형적인 디지털 바보였지. 하지만 아이들에게 자료를 주기 위해서는 파워포인트도 알아야 했고, 엑셀도 할 줄 알아야 했어. 그리고 공부방 원장이 되면서는 공부방을 운영하는 데 필요한 파일들을 만들어야 했는데 선생님은 할 줄 모르니까 잘하는 선생님께 배우러 다니기도 했단다. 그래도 안 되는 부분은 일부 포기하고 어쩔 수 없다고 생각하며 내가 할 수 있는 선에서 최대한 좋은 자료를 주기 위해 노력했지.

그러다가 코로나가 터진 거야. 수업을 못 하게 된 거지.

당황하긴 선생님도 마찬가지였단다. 하지만 디지털 바보였던 선생님은 컴퓨터로 너희를 만난다는 건 상상하기조차 힘들었어. 그래서 디지털을 사용하지 않을 방법을 아무리 구상해보아도 답이 나오지 않는 거야. 그러다가 MKYU라는 어른들을 위한 디지털(유튜브)대학을 선생님의 롤모델이신 김미경 강사님께서 운영하고 계신다는 걸 알게 되었어. 당시에 완전 올빼미족이었던 선생님은 새벽 기상을 해가며 그곳에서 인스타, 블로그 등을 서툴지만 하나씩 배워서 과제도 수행하고 커뮤니티도 들어가면서 하나씩 배우기 시작했단다.

그래서 ZOOM 수업도 인스타그램도 돈을 주고 배운 거지. 그 결과 우리는 공부방일 때부터 타 학원보다 앞서 ZOOM 수업을 준비하고, 미리 모든 교재를 스캔해서 준비할 수 있었어. 그렇게 어떤 상황에서도 수업에 지장이 가지 않는 시스템을 구축했지. 너불어 지금 인스타그램은 5천 팔로워가 넘었고, 서툴게 메뉴 하나를 겨우 만들던 블로그는 이제 학원블로그가 되어 전국의 신입생들이 이 블로그를 통해 문의가 온단다. 내가 가장 두려워했던 부분을 돌파해낸 거지.

디지털은 선생님이 감히 범접할 수 없는 부분이라고 생각했고 혹시나 어쩔 수 없이 필요하다면 돈을 주고 전문가를 고용할 거라고 생각했는데 코로나가 오면서 그 범위를 넘어서게 되었고, 내가 할 수밖에 없는 상황이 만들어진 거야. 결국 선생님은 그 벽을 돌파했고, 그 결과 현재 지역 내의 학생들뿐만 아니라 ZOOM을 통해 전국의 학생들에게도 도움을 줄 기회가 주어졌단다.

자, 이게 공부인 거야. 선생님이 만약 끝까지 나는 못 한다는 이유로 배우기를 피하고 돌아가려 했다면, 돌파하지 못했다면…. 지금 선생님은 어떤 위치에 있을까?

아마도 지금의 이 모습은 상상조차 못 했겠지?

그래서 비참한 오늘을 살지 않는 유일한 방법은 미래를 사는 것이고, 미래를 사는 유일한 방법은 공부하는 거란다.

공부를 하면 나에게 탁월함이 그 보상으로 주어지고, 세상의 모든 공부는 연결되어 있으니 또 다른 부분에서의 내 탁월함을 서로 도와주게 된단다.

탁월한 능력은 반드시 주변 사람들에게 선한 영향력을 미치게 되어 있어. 그리고 나의 능력으로 전파한 선한 영향력은 반드시 감사와 감동의 피드백이 되어 나에게 다시 돌아온단다. 그것 때문에 내가 또 성장하고 더 공부하는 선순환이 이루어지는 거란다.

선생님은 너희 안에 있는 그 탁월함이 분명히 세상을 선한 영향력으로 물들일 날이 머지않아 올 거라는 걸 알고 있고, 그걸 지금 졸업한 선배들이 보여주고 있단다. 그다음 차례는 이제 너희들이야. 어떤 탁월함으로 어떤 영향력을 발휘하며 어떤 사람들로부터 얼마큼의 감사와 감동을 피드백으로 받고 있는지 꼭 들려주렴.

03

그리고 우리들의 이야기(1)

선생님은 이 책이 너희에게 무겁게 다가가지 않았으면 좋겠어.

공부법의 책이라고 무겁고 어렵고 이 책조차도 공부해야 하는 거라면 너희에게 미안할 것 같더라고….

그래서 이 책은 너희가 조금은 진지하게 또 조금은 소설처럼 재미있게 읽어 주었으면 좋겠다는 생각으로 쓰고 있단다.

책은 공부이자 힐링이니까….

예전에 선생님이 대형 학원에 있을 때 일이란다.

선생님의 담당 학생 중에 한 오빠가 있었어. 그때는 중3이었단다.

그 반은 공부를 잘하는 학생들은 아니였고 굳이 수준을 따지자면 중하 정도 되는 반이었지.

그런데 그 오빠는 웬일인지 비가 오면 학원을 결석하는 거야.

처음에 그 반을 맡았을 때는 '무슨 일이 있겠지.'라고 생각하고 무심코 넘겼는데, 3개월이 지나도 6개월이 지나도 비만 오면 그 오빠는 어김없이 결석을 하는 거야.

자, 그럼, 생각을 해보자. 장마철에는?

거의 이 오빠한테는 방학인 거지.

그래서 궁금하기도 하고 걱정도 되어 학부모님께 전화를 걸어 상담해 보았단다.

그랬더니 더욱 놀라운 사실을 알게 되었어.

그건 바로 그 오빠는 비가 오는 날이면 학교도 가지 않는다는 거야.

그래서 이유를 물어봤지.

간단했어. '비가 오니까!'

이게 무슨 상황이냐고?

그 오빠는 너무 감성이 풍부했던 오빠였던 거야.

그런데 그 감성이 비가 오면 최고조에 이르는 거지.

그래서 비가 오는 날이면 학교 간다고 하고는 바닷가에 있는 커피숍으로 등교(?)를 하는 거지.

거기서 뭐 하냐고?

글을 쓰는 거야.

시도 쓰고, 일기도 쓰고, 혼자 생각한 소설도 써보고, 지나가는 사람들 그림도 그려보고….

그렇게 온종일을 꼬박 보내고 저녁이 되어서야 들어온다고 말씀하시면서 어머님께서도 통제가 안 된다고 하시더라고….

그래서 학원에 왔을 때 이 오빠를 불러서 선생님이 1:1로 상담을 해봤어.

도대체 왜 그러는지 물어봤지.

이유가 없어. 그냥 그러고 싶은 거야.

비가 오는 날은 학교에 갇혀 있기가 싫고, 그날은 너무 머릿속에 떠오르는 것들이 많아서 도저히 공부할 수가 없다는 거지. 어차피 공부도 되지 않는데 그 속에 갇혀 있는 건 본인에게는 너무 지옥 같은 일이라 참을 수가 없었어. 그래서 그냥 학교에 가지 않고 비가 오는 풍경을 마음껏 즐기며 하고 싶은 일을 할 수 있는 커피숍으로 갔던 거야. 거기서 먹고 싶은 음료를 시켜 먹으면서 달콤한 디저트도 먹으면서 쓰고 싶은 글도 마음껏 쓴다는 거지.

대신 비가 오지 않으면 열심히 공부하니까 문제가 없다는 것이 이 오빠의 주장이었어.

그래서 선생님이 달래면서 물어봤지. 그건 알겠지만 그래도 학생의 신분에서 해야 하는 일이 있지 않으냐, 글을 쓰는 건 이후에도 할 수 있는 일이 아니냐 하는 고리타분한 이야기들로 이 오빠를 설득하고 싶었던 거야. 그랬더니 본인이 원하는 건 성적이 아니기 때문에 그건 상관이 없다고 하더라고….

그래서 선생님은 좀 더 강하게 이야기를 했지.

"너 이렇게 하면 어차피 남들 뒤에서 성적을 깔아주는 사람밖에 될 수가 없어. 그렇게 되고 싶니?"

여기서 이 오빠의 대답이 지금까지 선생님의 마음속에 남아 있단다.

갑자기 창밖을 보면서 이야기하는 거야.

"선생님, 밤하늘의 별이 왜 빛나는 줄 아세요?"

저녁 시간이니까 창밖은 깜깜했지.

"응? 무슨 말이니?"

"밤하늘의 별은 깜깜한 밤하늘이 있어서 빛날 수 있는 거예요."

자, 여기서 이 오빠가 무슨 말을 하는 건지 이해를 했니?

선생님이 남들 뒤에서 성적을 깔아주는 사람이 될 거냐고 호통을 쳤는데, 밤하늘에 본인을 비유하며 다른 사람들은 본인이 있어서 빛날 수 있다고 이야기를 한 거야.

거기서 선생님은 아무 말도 할 수가 없었단다.

이 오빠는 나중에 어떻게 되었을까?

선생님은 이 오빠를 참 많이 아끼고 챙겼는데 이 오빠도 그걸 느꼈나봐. 대학을 가서도 군대에 가서도 지금까지도 스승의 날, 선생님 생일, 명절에는 잊지 않고 안부 문자와 전화를 해주고 있단다.

지금 이 오빠의 직업은 뭘까? 바로 작가가 되었단다. 그리고 이 작가님의 첫 작품에서 가장 큰 도움이 되었던 건 중ㆍ고등학생 시절에 비가 오는 날 그리고 적었던 그 종이들이라고 하더라고….

그 말을 듣는 순간 이 아이 앞에서 뻔하고 고리타분한 이야기로 정당화시키려고 했던 선생님이 얼마나 부끄러웠는지 몰라.

그런 거란다. 너희는 어디서 어떻게 너희의 재능을 발휘할지 모르는 원석이야.

그래서 어떤 보석이 될지 모르니 잘 다듬고 닦고 가꾸어야 한단다.

스스로가 얼마나 대단한 존재가 될지, 너희의 10년 후, 20년 후를 상상해보렴.

그리고 그 설렘 가득한 마음으로 미래를 위해 오늘을 살아 보길 바라.

04

그리고 우리들의 이야기(2)

두 번째로 소개할 사람은 일명 노는 언니란다.

선생님이 경력을 시작한 지 5년 차쯤에 있었던 일이야.

학원의 구조상 한 줄에 10명씩 붙어서 앉도록 설계가 되어 있는 교실이 었단다.

언제나 그렇듯 수업에 들어갔는데 처음 보는 여학생이 신입생으로 앉아 있더라고.

원래는 남학생 옆에 여학생이 바로 붙어 앉지는 않지? 그것도 제일 앞자리에….

남학생은 원래 선생님 제자였고 여학생은 신입생인데 그 줄에 딱 둘이 붙어 앉아 있는 거야. 그래서 선생님은 장난으로 툭 던졌지.

"너희 친하니?"

그랬더니 그 당돌한 여학생이 선생님 얼굴을 똑바로 바라보면서 웃으며 대답하는 거야.

"네! 친해요."

다른 학생들은 선생님 눈치를 보느라 숨어서 웃기도 하고 놀란 표정을 짓기도 했지.

그래서 선생님은 그냥 "아~ 그래?" 하고 넘겼단다.

그리고 이 학생은 선생님과 수업을 하며 이런저런 고민도 이야기하며 지냈어. 그런데 영어를 너무 못하는 거야. 그래서 개인 보강을 거의 매일 잡아서 옆에 두고 시켰지.

영어를 못하긴 했지만, 말도 예쁘게 하고, 착하고 선생님을 잘 따라 주는 아이여서 안 예뻐할 수가 없었고, 그래서 더 욕심이 생겨서 더 보강을 많이 잡았지.

그러다 이 언니도 좀 지쳐갔는지 익숙해진 탓인지 보강을 말도 없이 빠지는 날들이 많은 거야. 그래서 이유를 물어봤어.

"저는 잠을 12시간은 자야 하는데 그만큼 못 자면 피곤해서요. 그래서 자느라 보강 시간을 깜빡했어요."

좀 당황하긴 했지만 그래도 크게 혼을 내진 않았어.

솔직하게 말했으니까….

선생님이 지금도 우리 학생들에게 화를 내는 포인트 중 하나는 거짓말이란다.

"그 어떤 상황에서도 거짓말은 절대 하면 안 되는 거야. 왜냐하면 하나의 거짓말은 반드시 또 다른 거짓말을 낳게 되고 그러면 나중에는 감당할 수 없는 일들이 너의 발목을 잡을 테니까."

그래서 감히 자신 있게 말할 수 있는 건 이거야. 선생님 학생들은 차라리 그냥 혼나고 말지 절대 선생님한테만은 거짓말을 하는 일이 없다고 확신할 수 있어.

어쨌든 이 언니에게는 '하지만 실수는 한 번으로 끝나야지, 반복되면 습관이라는 걸 명심하라'는 충고 정도로 마무리했어. 이후로 보강을 빠지는 일은 없었단다.

그리고 얼마 후 선생님이 강의실로 가기 위해 계단을 올라가는데 계단 중간에 있는 자판기에 몰려 있던 중학생 여자아이들이 갑자기 너무 깍듯하게 90도로 인사를 하는 거야. 원래 그런 학생들이 아니었거든. 그래서 '뭐지?' 생각했는데, 알고 보니 선생님한테 인사한 게 아니고 선생님 뒤에서 열심히 선생님을 따라 뛰어오고 있던 그 언니에게 인사를 한 거야. 이 언니는 당시 고등학교 1학년이었단다.

이후 알게 된 사실은 이랬어.

언니는 중학교 때 학교에서 누구나 알 만한 일명 '노는 언니'였어. 그런데 고등학교에 들어오면서 공부를 해야겠다고 마음먹고 학원을 들어온 거야. 그 학원에서 선생님을 만난 거지. 다행히 선생님과 코드도 잘 맞고 대화도 잘 통해서 학원에서 열심히 공부하며 마음을 잡아가고 있었이. 물론 남들에게는 말할 수 없는 고민이나 비밀들도 선생님과 함께 공유하며 마음을 잡아가고 있던 시기였단다. 선생님은 특히 여학생들에게는 안

전을 위해서라도 옷차림에 예민하게 반응했는데 이 언니는 항상 단정하게 머리를 한 갈래로 묶고, 청바지에 티셔츠 차림으로 학원에 와서 가장 먼저 선생님께 달려오며 인사하는 너무 착하고 예쁜 언니였단다.

단지, 잠이 많은 것과 다른 과목 공부를 하지 않는 건…. 시간이 좀 걸렸어.

시간이 1년쯤 흘러 고2가 되던 어느 날, 조심스럽게 다가오며 선생님께 드릴 말씀이 있다며 다가왔어. 그래서 들어보니 드디어 꿈이 생겼다는 거야.

그 꿈은 바로 '배우'가 되는 것이었단다.

당연히 말렸지. 하지만 절대 즉흥적으로 결정한 일이 아니고 충분히 고민의 시간을 가졌고 어머님께도 허락을 받았다는 말에 선생님 또한 지지할 수밖에 없었단다.

그 꿈을 이루기 위해 연기학원에 등록했고 선생님과는 주말에 수업하게 되었지.

주말 수업이라 토, 일 수업인데 토요일에 했던 내용을 하나도 기억을 못 하길래 선생님이 혼을 냈더니 갑자기 우는 거야. 그래서 이유를 물어보았는데….

"다른 친구들은 야간 자율학습 시간에라도 공부를 할 수 있잖아요. 저는 연기학원을 가야 해서 야자도 못 하는데, 학원 다녀오면 밤 12시가 되고 그때부터 밤을 새우고 공부를 해도 시간이 너무 모자라요. 저 어떻게 하죠?" 하며 펑펑 우는 거야.

자, 알겠니? 꿈이란 이런 거란다.

공부하지 않았던 과거가 후회되고 부끄러워지고, 공부에 대한 미련이 전혀 없던 아이도 공부하고 싶은데 시간이 부족하다고 눈물 흘리게 하고, 잠을 12시간 자지 않으면 피곤해서 안 된다던 아이가 밤을 새우고 공부하도록 하는 것.

그게 꿈이란다.

지금 꿈이 없다고 공부의 목적이 없다고 하지 말자. 언젠가 갑자기 찾아올 나의 소중한 꿈에 지금의 내가 발목을 잡지 않도록, 하루하루를 최선을 다해서 살아내야 하는 거란다.

05

마지막 이야기

7살 때부터 피아노 연주를 참 좋아하던 아이가 있었단다.

미용실을 운영하는 홀어머니 아래에서 자랐지만, 어머니의 노력으로 부족함 없이 하고 싶은 걸 다 하며 자랄 수 있었지. 그래서 이 아이의 꿈은 7살 때부터 피아니스트가 되는 것이었어. 그러다가 12살에 첼로를 배우게 되었고 그 순간부터 아이의 꿈은 첼리스트로 바뀌게 되었단다. 그렇게 순탄하게 첼리스트를 꿈꾸며 자라던 아이에게 예상치 못한 일이 생겼어. 갑자기 집안 형편이 급격하게 어려워져서 더는 첼리스트의 꿈을 꾸지 못하게 되었단다. 하지만 절대 꿈을 포기하고 싶지 않았던 이 아이는 엄마한테 예술고등학교에 보내달라고 떼를 쓰기 시작해. 하지만 이 아이도 알았던 거지. 갈 수 없다는 걸.

그래서 마지막으로 엄마한테 거래를 제안해. 시험만 칠 수 있게 해달라고…. 합격해도 들어가지 않겠다고. 자존심이 상했던 거야. 왜냐하면 주변에 지켜보는 사람들도 많았고, 대회에 나갔다 하면 매번 수상하는 재능 있는 아이였거든. 동시에 그 시절에 첼로를 하는 주변 친구 중에 가장 가난한 아이였지. 그 흔한 교수 레슨 한 번 받아보지 못하고 예술고등학교에 입학하지만 1년도 안 돼서 인문계 고등학교로 전학을 가게 되었단다.

대학을 가서도 혼자 학비를 벌어야 한다는 생각에 이런저런 아르바이트를 했어. 학비뿐만 아니라 차비와 생활비도 해결해야 했거든. 그래서 어떤 날은 어묵 국물만 먹고 하루를 버틴 적도 있었단다.

그러던 중 학원 아르바이트를 만나게 되었어. 그 순간이 이 아이에겐 가장 큰 터닝 포인트였단다. 정말 자신이 좋아하는 천직을 가지게 되었으니까. 그렇게 이 아이의 경제적 결핍은 평생 좋아하는 일을 하며 돈을 벌 수 있는 천직을 찾도록 안내하였단다. 돈을 벌면서도 행복하게 일하는 이 세상 몇 안 되는 행복을 누리는 사람이 되었지. 그뿐만 아니라 이 아이의 롤 모델 중 한 분이었던 MKYU 대학 학장님이신 '김미경 학장님'의 초대를 받아 '미라클 나이트'라는 곳에서 어린 시절의 이야기를 하며 강연을 할 기회도 얻을 수 있었단다.

지금 그 아이는 그 직업을 통해 더 많은 다른 아이들을 돕기 위해 매일 열심히 공부하고 성장하는 어른이 되어 아이들에게 가장 무섭지만 친근한 선생님으로 살아가고 있어.

그리고 또 그 아이들을 위해 글을 쓰고 있지.

그래, 짐작하겠지만 위의 짧은 이야기는 선생님의 이야기란다.

더 많은 이야기들을 몇 번이고 썼다가 지웠어. 선생님의 소소한 이야기가 너희의 소중한 시간을 훔쳐 가지 않도록 하기 위해서….

애들아, 선생님이 하고 싶은 이야기는….

첫째, 지금 당장 꿈이 없다고 조급해하지 않았으면 해.

꿈은 언제든 생길 수 있고, 변화할 수 있는 거란다.

대신 언제 찾아올지 모르는 그 꿈을 환영할 수 있도록 미래의 멋진 나를 위해 오늘을 열심히 준비해주는 거야.

둘째, 지금 상황이 어렵다고 좌절하지 않았으면 해.

불행은 반드시 그 뒤에 행복을 데리고 온다. 그러니 더 큰 행복을 받아들일 수 있도록 나의 마음의 그릇을 키워주기 위해 어려움을 먼저 주는 거야. 그릇은 깨져야 더 큰 그릇으로 만들어질 수 있으니까…. 그러니 힘든 일이나 어려움이 오면 피하지 말고 환영해주도록 해. 얼마나 좋은 일이 있으려고 이런 어려움을 줄까? 선생님은 항상 그렇게 생각했단다.

그리고 어김없이 행복은 나에게 와주었지. 혼자서 힘들면 주변에 도움을 요청해도 된단다. 너희가 도움을 요청하기를 간절히 기다리는 사람들이 주변에 정말 많으니까…. 그중에는 당연히 선생님도 언제나 그 자리에서 기다리고 있다는 걸 기억해주었으면 해.

마지막으로, 너희의 찬란한 미래를 선생님이 보장할 테니 그 어떤 탁월함으로 세상에 선한 영향력을 미칠 수 있을지 열심히 고민하며 준비해 주길 바라.

이 세상을 이끌어 갈 너희들의 모습이 선생님은 너무 기대되고 설렘으로 가득하단다.

누구보다 소중한 너희들을 위해 선생님도 사교육이지만 뒤에서 열심히 응원하며 함께 성장하고 더 많은 도움이 필요할 때 언제든지 도움이 될 수 있는 믿을 수 있고 의지할 수 있는 어른이 되어줄게.

세상에는 선생님뿐만 아니라 너희가 손을 내밀기만 하면 언제든 잡아줄 수 있는 너무 많은 사람이 있단다.

그 사실을 꼭 기억하고 올바르게 성장하며 힘든 일이 있을 때는 언제든지 주변에 도움과 조언을 요청하며 하나씩 배워가고 이겨 나가는 너희들이 되기를 선생님은 간절히 소망한단다. 선생님은 언제나 너의 편이고, 너를 응원한단다.

예일대학교

케임브리지대학교

콜롬비아대학교